AF279567

Business Intelligence y transformación digital

avanza editorial

Editado por:
EDITORIAL FAE, S.L.U.
Correo electrónico: editorial@editorialfae.com

Business Intelligence y transformación digital
Jose Antonio Hueso Vidal
María Victoria González Aranda

1ª Edición

Se ha puesto el máximo empeño en ofrecer a la persona lectora una información completa y precisa. Sin embargo, Editorial FAE, S.L.U. no asume ninguna responsabilidad derivada de su uso ni tampoco de cualquier violación de patentes ni otros derechos de terceras partes que pudieran ocurrir. Esta publicación tiene por objeto proporcionar unos conocimientos precisos y acreditados sobre el tema tratado. Su venta no supone para el editor ninguna forma de asistencia legal, administrativa o de ningún otro tipo.

Reservados todos los derechos de publicación en cualquier idioma:

De conformidad con lo dispuesto en el artículo 270 del Código Penal vigente, ninguna parte de este libro puede ser reproducida, grabada en sistema de almacenamiento o transmitida en forma alguna ni por cualquier procedimiento, ya sea electrónico, mecánico, reprográfico, magnético o cualquier otro, sin autorización previa y por escrito de Editorial FAE, S.L.U.; su contenido está protegido por la Ley vigente, que establece penas de prisión y/o multas a quienes intencionadamente reprodujeren o plagiaren, en todo o en parte, una obra literaria, artística o científica.

ISBN: 978-84-1135-396-0

Impreso en España

Índice

U. A. 1. Análisis tanto de herramientas informáticas inteligentes como de la infraestructura que permite su correcto funcionamiento dentro de la organización

Introducción

Objetivos

Para empezar...

1. Inteligencia de negocios

2. Tipos de analítica

3. Data Warehouse

RESUMEN

GLOSARIO

EJERCICIOS DE AUTOEVALUACIÓN

U. A. 2. Realización de una planificación viable, así como el perfeccionamiento del análisis de datos estructurados

Introducción

Objetivos

Para empezar...

1. Data Mining

2. Gestión de proyectos

RESUMEN

GLOSARIO

EJERCICIOS DE AUTOEVALUACIÓN

U. A. 3. Utilización de técnicas y recursos para el análisis de datos

Introducción

Objetivos

1. Transformación digital y Business Intelligence

RESUMEN

GLOSARIO

EJERCICIOS DE AUTOEVALUACIÓN

U. A. 4. Liderazgo y gestión de proyectos de dato

Introducción

Objetivos

1. Liderazgo y gestión de proyectos de datos

RESUMEN

GLOSARIO

EJERCICIOS DE AUTOEVALUACIÓN

U. A. 5. Protección de datos

Introducción

Objetivos

Protección de datos

RESUMEN

GLOSARIO

EJERCICIOS DE AUTOEVALUACIÓN

Aplicaciones prácticas

Ejercicio de evaluación final

Solucionario

Bibliografía

Índice

U. A. 1. Análisis tanto de herramientas informáticas inteligentes como de la infraestructura que permite su correcto funcionamiento dentro de la organización

Introducción

En la era del dato, la capacidad de una organización para transformar grandes volúmenes de información en conocimiento útil se ha convertido en una ventaja competitiva crucial. Las herramientas informáticas inteligentes y la infraestructura que las soporta son el núcleo de esa transformación. Esta unidad profundiza en las tecnologías clave que permiten analizar, visualizar y aprovechar datos estratégicos para la toma de decisiones informadas y ágiles.

Objetivos

- Analizar el concepto de inteligencia de negocios (Business Intelligence) y su papel clave en la mejora de la toma de decisiones, la eficiencia operativa y la generación de ventajas competitivas sostenibles.
- Comprender los diferentes tipos de analítica (descriptiva, predictiva, prescriptiva y diagnóstica) y su aplicación estratégica en la interpretación de datos para impulsar la innovación y la mejora continua.
- Explorar la estructura, el propósito y las ventajas de los Data Warehouse como herramientas esenciales para almacenar, integrar y organizar grandes volúmenes de datos provenientes de diversas fuentes.
- Identificar la relación entre las herramientas de inteligencia y la infraestructura tecnológica necesaria para su implementación exitosa, garantizando su disponibilidad, seguridad y escalabilidad dentro de la organización.
- Análisis tanto de herramientas informáticas inteligentes como de la infraestructura que permite su correcto funcionamiento dentro de la organización.

Para empezar...

El análisis de herramientas informáticas inteligentes y la infraestructura que las soporta constituye un pilar fundamental para el desarrollo de sistemas eficientes en la gestión de datos dentro de cualquier organización. Este proceso no se limita únicamente a identificar software de análisis de datos, sino que implica una comprensión profunda de cada uno de los elementos técnicos, operativos y organizativos que permiten transformar datos crudos, dispersos o masivos en información estructurada, procesada y orientada a la acción. Evaluar adecuadamente estos componentes significa estudiar tanto las capacidades técnicas (como velocidad de procesamiento, compatibilidad, o escalabilidad) como su adecuación al modelo de negocio de la empresa y a sus procesos internos. La eficiencia en la gestión de datos no se logra únicamente por tener herramientas potentes, sino por seleccionar aquellas que mejor se integran en la operativa diaria y en el ecosistema tecnológico existente.

 Objetivo

El objetivo principal es capacitar para identificar y diferenciar los componentes clave de una estrategia de Business Intelligence. Al finalizar, se podrá distinguir entre distintas herramientas de análisis, comprender la función crítica de un Data Warehouse como pilar de la infraestructura de datos y cómo estos elementos se combinan para permitir una toma de decisiones informada y estratégica en la empresa.

Este proceso implica conocer y evaluar los componentes tecnológicos que permiten transformar grandes volúmenes de datos en información útil para la toma de decisiones estratégicas. Esto requiere un enfoque sistemático: desde el análisis de las fuentes de datos, su limpieza y transformación, hasta su modelado y visualización para usuarios no técnicos. Los datos por sí solos no aportan valor si no se convierten en conocimiento accesible y útil para diferentes áreas de la organización. Por ejemplo, un CRM puede contener millones de registros de clientes, pero si no existen herramientas capaces de segmentar esos datos, identificar patrones de comportamiento o predecir abandonos, esa información permanece estancada. Aquí entra en juego el verdadero papel de las herramientas inteligentes: hacer operativa la inteligencia contenida en los datos.

Esta unidad establece las bases del ecosistema de datos en una organización. Se explora la relación inseparable entre las herramientas de software que extraen valor (la inteligencia) y la arquitectura subyacente que almacena, procesa y sirve los datos (la infraestructura). Comprender ambos componentes es fundamental, ya que una herramienta potente es inútil sin una infraestructura de datos robusta y bien diseñada, y viceversa.

La correcta elección y aplicación de estas herramientas impacta directamente en la competitividad y agilidad de la empresa, ya que facilita un acceso rápido, seguro y eficiente a los datos relevantes. Una organización que puede obtener reportes dinámicos en segundos, acceder a métricas clave en tiempo real o generar modelos de predicción sobre tendencias de consumo tendrá una ventaja significativa frente a aquellas que siguen trabajando con hojas de cálculo desconectadas o datos obsoletos. Además, la eficiencia en la toma de decisiones reduce costes, optimiza tiempos y permite detectar oportunidades o amenazas con antelación. La agilidad no solo es una cuestión de velocidad tecnológica, sino de inteligencia estratégica respaldada por datos fiables y actualizados.

Los datos son importantes, pero el trabajo en equipo es fundamental para organizar todo de forma correcta. La colaboración entre departamentos —como TI, marketing, finanzas o logística— es indispensable para establecer un flujo de datos coherente y accesible para todos. No basta con implementar una herramienta BI si los departamentos no comparten sus fuentes o si los usuarios no comprenden cómo interpretar los *dashboards*. La democratización del dato, acompañada de una formación adecuada, es una condición imprescindible para que la inversión tecnológica tenga retorno. En este sentido, los equipos multidisciplinares con habilidades tanto técnicas como analíticas son los catalizadores del cambio hacia una cultura basada en datos.

Fig. 1. Los datos son importantes pero el trabajo en equipo es fundamental para organizar todo de forma correcta

"La meta es transformar los datos en información, y la información en conocimiento." - Carly Fiorina, ex CEO de Hewlett-Packard. Esta frase encapsula la esencia de esta unidad: no se trata solo de acumular datos, sino de construir un sistema coherente de herramientas e infraestructura para procesarlos y convertirlos en un activo estratégico.

El análisis adecuado de estas herramientas requiere evaluar su compatibilidad con los sistemas existentes, su capacidad de escalabilidad, la facilidad de integración con otras fuentes de datos y la robustez en la protección de la información. Además, es importante valorar la curva de aprendizaje, la flexibilidad para adaptarse a las necesidades de diferentes áreas de negocio y la posibilidad de personalización para extraer el máximo valor de los datos.

En paralelo, la infraestructura tecnológica es el cimiento que sostiene estas herramientas y garantiza su correcto funcionamiento. La infraestructura física incluye servidores, redes de comunicación, centros de datos y dispositivos de almacenamiento, mientras que la infraestructura lógica se refiere a los sistemas operativos, bases de datos, software de análisis y protocolos de seguridad. Un diseño adecuado de esta infraestructura asegura que las herramientas inteligentes puedan operar de forma eficiente, sin cuellos de botella ni interrupciones.

Las **herramientas informáticas inteligentes** permiten recopilar, procesar, analizar y visualizar datos para convertirlos en información estratégica. No se trata solo de software avanzado, sino de sistemas diseñados para integrar múltiples fuentes de datos y ofrecer respuestas en tiempo real.

Categoría	Descripción	Ejemplos reales
BI (Business Intelligence)	Análisis y visualización de datos para toma de decisiones	Power BI, Tableau, Qlik Sense
Big Data	Procesamiento de grandes volúmenes de datos	Hadoop, Spark
Machine Learning/IA	Modelos predictivos y automatización de análisis	Azure ML, TensorFlow
ETL (Extracción, Transformación y Carga)	Preparación de datos desde múltiples orígenes	Talend, Apache NiFi, Pentaho

Fig. 2. Panel creado con PowerBi Desktop

Una de las aplicaciones más comunes de la inteligencia de negocios es la creación de *dashboards* o cuadros de mando. Estos paneles permiten monitorizar los Indicadores Clave de Rendimiento (KPIs) en tiempo real.

La arquitectura de datos juega un papel clave dentro de esta infraestructura, ya que organiza cómo se almacenan, acceden y procesan los datos. Existen diferentes modelos como los almacenes de datos (*data warehouse*), lagos de datos (*data lakes*) o estructuras híbridas que permiten una gestión flexible y eficiente. La elección de la arquitectura debe responder al tipo de datos que maneja la organización, su volumen, su velocidad de generación y la necesidad de análisis en tiempo real.

El análisis también debe contemplar la infraestructura de red, que debe garantizar alta disponibilidad, baja latencia y seguridad en la transmisión de datos. Esto se vuelve especialmente crítico cuando se utilizan plataformas en la nube o entornos distribuidos, donde la conectividad puede afectar el rendimiento de las herramientas de análisis. Es fundamental asegurar redundancia, balanceo de carga y políticas de respaldo que protejan la continuidad del negocio.

A continuación, se presenta una tabla comparativa de herramientas BI con sus principales ventajas y desventajas:

Herramienta	Ventajas	Inconvenientes
Power BI	Integración con Excel y Azure, interfaz amigable	Limitaciones en fuentes de datos sin licencia Pro
Tableau	Potente visualización, alta personalización	Coste elevado para empresas pequeñas
Qlik Sense	Capacidad asociativa única, buena escalabilidad	Requiere curva de aprendizaje inicial
Google Data Studio	Gratuito, integración con Google Analytics	Funciones limitadas frente a herramientas de pago

¿Qué son los KPI y cómo se usan?

Los KPI (Key Performance Indicators) son indicadores clave que permiten medir el rendimiento de una organización o proceso.

Ejemplo

Ejemplos de KPI en distintos sectores:

- **Marketing digital:** tasa de conversión, CTR, coste por *lead*.
- **Taller de automoción:** tiempo medio de reparación, satisfacción del cliente, % de repuestos reutilizados.
- **Retail:** *ticket* promedio, rotación de *stock*, tasa de devolución.

La seguridad de la infraestructura y las herramientas es otro aspecto que requiere especial atención. La implementación de mecanismos como cifrado de datos, autenticación multifactor, control de accesos y monitorización continua es esencial para proteger la integridad y confidencialidad de la información sensible.

Además, se deben establecer procedimientos de recuperación ante desastres y planes de contingencia para minimizar el impacto de posibles fallos o ataques cibernéticos.

- **Infraestructura tecnológica:** base de un sistema inteligente.

- **Infraestructura física:**
  - **Servidores**: físicos o virtuales para procesamiento y almacenamiento.
  - **Redes**: cableadas, Wi-Fi o en la nube, que garantizan conectividad y seguridad.
  - **Dispositivos de almacenamiento**: SSD, NAS, almacenamiento cloud (ej. Amazon S3, Google Cloud Storage).

- **Infraestructura lógica:**
  - **Sistemas operativos**: Windows Server, Linux.
  - **Bases de datos**: MySQL, PostgreSQL, MongoDB.
  - **Software de análisis**: Python, R, BI tools, etc.
  - **Protocolos de seguridad**: SSL, VPN, *firewall*, etc.

Las herramientas informáticas inteligentes abarcan soluciones como sistemas de Business Intelligence (BI), plataformas de Big Data, inteligencia artificial aplicada al análisis de datos y tecnologías de *machine learning*. Cada una cumple una función específica dentro del ecosistema de análisis. Los sistemas de BI permiten crear informes, dashboards y análisis visuales a partir de datos estructurados, facilitando la comprensión por parte de usuarios no técnicos. Las plataformas de Big Data, en cambio, se enfocan en el almacenamiento y procesamiento de datos masivos, estructurados o no estructurados, que requieren arquitecturas distribuidas y algoritmos complejos. La inteligencia artificial y el *machine learning* van un paso más allá, ya que permiten a las máquinas identificar patrones, correlaciones o anomalías sin necesidad de programación explícita, lo cual habilita procesos de automatización y predicción altamente valiosos en sectores como la logística, la banca, la salud o el marketing.

Fig. 3. Tener KPI y graficas aporta claridad y seguimiento en cada proceso empresarial

Estos sistemas permiten no solo almacenar y procesar datos masivos, sino también obtener patrones, tendencias y modelos predictivos que ayudan a anticiparse a los cambios del mercado y mejorar la operativa empresarial. Por ejemplo, una empresa del sector *retail* puede utilizar modelos predictivos para prever el comportamiento de compra en función de la estacionalidad, promociones o condiciones meteorológicas, lo cual optimiza el stock y mejora la experiencia del cliente. En otro caso, un taller de automoción podría utilizar modelos de aprendizaje automático para predecir fallos mecánicos recurrentes en función del historial de reparaciones, lo cual mejora la eficiencia operativa y la satisfacción del cliente.

Entre estas herramientas destacan soluciones como Power BI, Tableau, Qlik Sense, Google Data Studio y plataformas en la nube como Google BigQuery o Amazon

Redshift, que ofrecen capacidades avanzadas de visualización, análisis y almacenamiento. Power BI, por ejemplo, es ampliamente usado en entornos empresariales por su integración con Excel y Microsoft 365; Tableau destaca por su potencia visual y capacidad de personalización; Qlik Sense introduce un modelo asociativo único que permite explorar datos de forma no lineal. Google Data Studio es gratuito y accesible, especialmente útil para integrar datos de Google Analytics o Search Console. BigQuery y Redshift permiten consultar terabytes de datos en segundos mediante SQL optimizado, siendo ideales para empresas con grandes volúmenes de información.

1. Inteligencia de negocios

La inteligencia de negocios, conocida como Business Intelligence (BI), constituye un sistema integral que permite a las organizaciones transformar datos dispersos, fragmentados y muchas veces sin estructura, en información valiosa, coherente y procesable. Este proceso no solo facilita la toma de decisiones estratégicas a nivel directivo, sino que también potencia la mejora continua de las operaciones a nivel operativo y táctico. El verdadero valor de la BI radica en su capacidad para integrar datos provenientes de múltiples fuentes, estructurarlos adecuadamente, y convertirlos en conocimiento accionable y visualmente comprensible. De este modo, se eliminan las barreras entre la información cruda —que suele estar desorganizada o inaccesible— y la acción empresarial efectiva basada en evidencias.

Vocabulario

Inteligencia de Negocios (Business Intelligence - BI): Es el conjunto de procesos, arquitecturas, tecnologías y herramientas que convierten datos crudos en información significativa y útil para la toma de decisiones empresariales. El BI abarca desde la generación de informes estáticos y cuadros de mando (dashboards) hasta análisis más complejos, con el fin de ofrecer una visión clara del estado actual e histórico de la empresa.

El primer pilar fundamental de la inteligencia de negocios son las **fuentes de datos**. Estas fuentes pueden clasificarse en internas y externas. Las internas incluyen sistemas empresariales ya implantados como:

- **Bases de datos relacionales** (SQL, PostgreSQL, MySQL), donde se almacena información estructurada de productos, clientes o empleados.
- **Sistemas ERP** (Enterprise Resource Planning), que integran funciones de contabilidad, logística, producción y recursos humanos.
- **Sistemas CRM** (Customer Relationship Management), que registran interacciones con clientes, oportunidades de venta y campañas de marketing.
- **Aplicaciones verticales** propias del negocio, como software de gestión de inventario, sistemas de tickets o plataformas de atención al cliente.

En cuanto a las fuentes externas, estas se han vuelto clave en la era digital.

- **Redes sociales** (Facebook, X, Instagram), que ofrecen datos sobre reputación online, tendencias o feedback de clientes.
- **Sensores IoT** (Internet of Things), que capturan datos de máquinas, vehículos, entornos industriales o dispositivos conectados.
- **APIs de terceros**, como las de Google Maps, plataformas de climatología, sistemas de tráfico o cotizaciones financieras.
- **Archivos CSV, Excel, JSON o XML** que muchas veces se importan manualmente desde proveedores, organismos públicos o consultoras.

Fig. 4. Revisar los datos y tener fuentes de datos fiables es fundamental para tener una visión completa de la empresa

La correcta identificación, clasificación y conexión de estas fuentes es crítica. No todas las fuentes aportan la misma calidad, frecuencia ni estructura de datos. Algunas pueden ser actualizadas en tiempo real, mientras que otras solo ofrecen información estática o semanal. La diversidad, volumen y confiabilidad de las fuentes afectan directamente la calidad del análisis posterior. Asimismo, establecer conexiones seguras y automatizadas —por ejemplo, mediante integraciones vía API REST— permite acelerar los procesos analíticos, reducir errores y garantizar consistencia en el dato.

Una vez identificadas las fuentes, entran en juego los procesos ETL (Extract, Transform, Load). Este conjunto de operaciones es el corazón técnico del flujo de datos.

1. **Extract (Extracción):** Se extraen los datos desde las distintas fuentes mencionadas. Esto puede implicar conexiones directas a bases de datos, lectura de archivos, peticiones a APIs o scraping de sitios web.
2. **Transform (Transformación):** Es la fase más crítica. Aquí se depuran los datos, se corrigen inconsistencias (por ejemplo, fechas mal formateadas, campos nulos, duplicados), se homogenizan unidades (como euros vs. dólares) y se adaptan a un modelo común. También se pueden aplicar reglas de negocio, cálculos agregados o segmentaciones personalizadas.
3. **Load (Carga):** Finalmente, los datos limpios y transformados se cargan en un sistema centralizado: normalmente un **Data Warehouse**, aunque también pueden cargarse en **Data Marts** (segmentos por áreas), **lakes** o repositorios analíticos en la nube.

Herramientas modernas como Talend, Apache Nifi, Microsoft SSIS, Pentaho, o incluso soluciones en la nube como AWS Glue o Google Dataflow, permiten automatizar este proceso, aumentando la fiabilidad y reduciendo los tiempos de actualización. La automatización también minimiza errores humanos y permite la actualización en tiempo real o casi real, clave para sectores que requieren decisiones instantáneas (como logística, e-commerce o salud).

Una visión completa del proceso y sistemas de seguimiento son fundamentales. No basta con automatizar, también es necesario supervisar que los procesos se ejecutan correctamente, que los datos son consistentes y que los errores se detectan antes de llegar al usuario final. Por eso, muchas plataformas BI incluyen sistemas de auditoría, alertas automáticas ante anomalías y bitácoras de proceso para garantizar transparencia.

El almacenamiento de datos se realiza principalmente en Data Warehouse, sistemas específicamente diseñados para consolidar información estructurada y facilitar su consulta analítica. A diferencia de las bases de datos transaccionales —optimizadas para inserciones y actualizaciones—, los almacenes de datos están pensados para consultas masivas y análisis comparativo. Normalmente utilizan estructuras multidimensionales que permiten analizar datos por dimensiones como tiempo, geografía, producto o cliente, mediante operaciones **OLAP** (Online Analytical Processing): *drill-down*, *roll-up*, *slice*, *dice*.

Ejemplos de almacenes de datos conocidos:

- Amazon Redshift.
- Google BigQuery.
- Snowflake.
- Microsoft Azure Synapse Analytics.
- Oracle Autonomous Data Warehouse.

Estos entornos permiten trabajar con volúmenes enormes de información (terabytes o petabytes) con una respuesta en segundos, gracias al uso de procesamiento paralelo masivo (MPP) y almacenamiento columnar.

Un director de ventas utiliza un cuadro de mando creado con Microsoft Power BI. Este dashboard se conecta directamente a la base de datos de ventas de la empresa y muestra en tiempo real indicadores clave de rendimiento (KPIs) como las ventas por región, el rendimiento de cada vendedor, los productos más vendidos y la comparación con los objetivos mensuales. El director puede filtrar por fecha o región para analizar problemas o identificar oportunidades sin necesidad de solicitar informes manuales al departamento de TI.

La siguiente capa esencial son las herramientas de análisis y visualización de datos. Aquí es donde los datos se hacen visibles y comprensibles para el usuario final. Plataformas como Power BI, Tableau, Qlik Sense, Looker o Google Data Studio permiten conectar directamente con el Data Warehouse, aplicar filtros, crear paneles interactivos y compartir informes en tiempo real.

Cada herramienta tiene sus particularidades:

- **Power BI** es ideal en entornos Microsoft y destaca por su relación calidad-precio.
- **Tableau** es una de las más potentes visualmente y se usa mucho en analítica avanzada.
- **Qlik Sense** permite navegar los datos de forma asociativa, descubriendo relaciones no obvias.
- **Looker** (Google Cloud) se orienta a modelos analíticos definidos por código (*LookML*), útil en entornos complejos.

Estas herramientas permiten crear gráficos dinámicos, KPIs en tiempo real, mapas, tablas cruzadas, alertas, simulaciones, y paneles con acceso segmentado según perfil de usuario. El objetivo es facilitar que los responsables de cada área puedan tomar decisiones basadas en datos, sin necesidad de conocimientos en SQL o estadística avanzada.

El análisis visual se convierte así en un acelerador del pensamiento estratégico. Ver una tendencia descendente, una anomalía, un valor fuera del rango normal o un cambio repentino en un gráfico es mucho más rápido y efectivo que interpretarlo en tablas. Por eso los **KPIs** (Indicadores Clave de Rendimiento) se diseñan con visualizaciones intuitivas: velocímetros, semáforos, líneas de evolución, diagramas de dispersión o mapas de calor. Su correcta definición y segmentación por área es crítica para dirigir la atención hacia lo realmente importante.

Ejemplo

Por ejemplo:

- En un ecommerce: tasa de conversión diaria, abandono del carrito, ticket medio, coste por adquisición.
- En un taller: rotación de stock, tiempo medio por intervención, nivel de satisfacción del cliente.
- En una pyme: liquidez diaria, flujo de caja, eficiencia por trabajador.

Dentro de la inteligencia de negocios, los **sistemas de soporte a la decisión (DSS)** representan un nivel superior. No se limitan a mostrar lo que ha pasado o está ocurriendo, sino que ayudan a prever lo que puede pasar y qué acción sería más óptima. Integran modelos matemáticos, algoritmos de predicción, aprendizaje automático (*machine learning*) o incluso inteligencia artificial para simular escenarios y recomendar acciones. Por ejemplo, un DSS puede proponer la mejor distribución de turnos, el precio óptimo de un producto o el canal más rentable para una campaña.

Estas soluciones, antes reservadas a grandes corporaciones, hoy están al alcance de pymes gracias al desarrollo de plataformas accesibles y modelos SaaS.

Aplicaciones típicas de DSS se encuentran en:

- **Logística:** optimización de rutas y tiempos de entrega.
- **Finanzas:** previsión de flujo de caja, detección de fraude.
- **Marketing:** recomendación de productos, análisis de segmentación.

La integración de la inteligencia artificial en los DSS permite que el sistema aprenda con cada decisión pasada, mejorando así la precisión de sus predicciones a lo largo del tiempo.

Fig. 5. Una visión completa del proceso y sistemas de seguimiento son fundamentales.

El almacenamiento de datos se realiza en los Data Warehouse, sistemas diseñados para consolidar grandes volúmenes de información estructurada. Estos almacenes permiten organizar los datos de manera lógica, generalmente en estructuras multidimensionales que facilitan su consulta mediante técnicas OLAP (Online Analytical Processing). A diferencia de las bases de datos operativas, los Data Warehouse están optimizados para análisis históricos y comparativos, lo que permite detectar patrones y medir la evolución de los indicadores clave a lo largo del tiempo.

La siguiente capa esencial son las herramientas de análisis y visualización de datos. Plataformas como Power BI, Tableau, Qlik Sense y Google Data Studio permiten construir dashboards dinámicos, gráficos interactivos y reportes personalizados que facilitan la comprensión de datos complejos. La elección de la herramienta adecuada depende de factores como el volumen de datos, la necesidad de integración con otras aplicaciones y el nivel de personalización requerido. Estas herramientas permiten que cualquier responsable pueda interpretar la información sin necesidad de conocimientos técnicos avanzados.

El análisis visual es determinante para comprender tendencias, anomalías y relaciones ocultas entre variables. La representación gráfica de los KPIs (Key Performance Indicators) permite identificar rápidamente áreas críticas y oportunidades de mejora. Por ejemplo, un dashboard puede mostrar en tiempo real la evolución de las ventas, el rendimiento por canal, la satisfacción del cliente o el stock disponible, permitiendo tomar decisiones rápidas y basadas en datos actualizados al momento.

Dentro de la inteligencia de negocios, los sistemas de soporte a la decisión (DSS) desempeñan un papel destacado. Estos sistemas permiten simular escenarios, realizar análisis predictivos y optimizar recursos a través de modelos matemáticos. Los DSS integran algoritmos avanzados que pueden sugerir acciones concretas ante determinadas condiciones, lo que ayuda a minimizar riesgos y maximizar resultados. Estos sistemas son particularmente útiles en áreas como logística, finanzas y marketing, donde las decisiones deben considerar múltiples variables interdependientes.

Fig. 6. La gestión y seguimiento de los datos permite ver fluctuaciones en los objetivos

Los beneficios que aporta la inteligencia de negocios son múltiples y tienen un impacto directo en la competitividad de las organizaciones. La capacidad de tomar decisiones rápidas y basadas en datos fiables mejora la eficiencia operativa, reduce costes y permite una adaptación ágil ante cambios del mercado. La identificación de tendencias emergentes y patrones de consumo ayuda a anticiparse a las necesidades de los clientes y a diseñar estrategias comerciales más efectivas. Además, la supervisión constante de los KPIs permite detectar desviaciones a tiempo y corregir el rumbo antes de que se produzcan impactos significativos.

Es fundamental entender que la implementación de la inteligencia de negocios no es un proceso estático. Requiere de una cultura organizacional orientada al dato, donde todas las áreas trabajen de forma coordinada y donde se promueva la alfabetización digital. La formación continua en herramientas de análisis, la actualización de las infraestructuras tecnológicas y la incorporación de metodologías ágiles son componentes esenciales para garantizar que la BI siga aportando valor sostenido a largo plazo.

 **Saber más**

Una referencia clave en el sector son los "Magic Quadrant for Analytics and BI Platforms" de la consultora Gartner. Cada año, analizan y posicionan a los principales proveedores de herramientas de BI (como Microsoft, Tableau, Qlik) basándose en su visión de futuro y su capacidad de ejecución. Consultar este informe permite conocer las tendencias del mercado y las fortalezas de cada solución.

2. Tipos de analítica

La analítica de datos se organiza en diferentes niveles o tipos, cada uno de ellos diseñado para abordar la información desde una perspectiva distinta y con un propósito específico. Estos niveles no compiten entre sí, sino que se complementan, conformando una jerarquía que permite avanzar desde la simple descripción de lo que ya ha ocurrido hasta la predicción y prescripción de acciones futuras. Comprender cada tipo de analítica y su utilidad dentro de un sistema de gestión de datos es fundamental para diseñar estrategias eficientes y extraer el máximo valor de la información disponible en una organización.

El primer nivel es la analítica descriptiva, que se centra en responder a la pregunta fundamental "¿Qué ha sucedido?". Esta forma de análisis trabaja principalmente con datos históricos que ya han sido recopilados, procesados y almacenados. Su objetivo principal es ofrecer una visión clara y ordenada de los hechos pasados, de forma que se puedan identificar patrones de comportamiento, detectar anomalías, realizar comparaciones entre periodos y evaluar resultados obtenidos.

La analítica descriptiva no busca explicar causas ni anticipar eventos futuros, sino ofrecer una imagen fiel y estructurada de lo que ha ocurrido en la organización en un periodo determinado. Para ello, se apoya en herramientas que permiten recopilar, filtrar, clasificar, resumir y representar datos de forma visual e intuitiva. Estas representaciones pueden adoptar múltiples formas, como informes estáticos, cuadros de mando interactivos, gráficos de líneas, barras, sectores, mapas de calor o tablas dinámicas.

Esta etapa de análisis es esencial porque constituye la base informativa sobre la que se construyen los siguientes niveles de analítica. Si los datos no están correctamente organizados, validados y contextualizados, cualquier análisis posterior —sea explicativo, predictivo o prescriptivo— estará basado en supuestos erróneos. Por este motivo, una parte clave del trabajo en la analítica descriptiva consiste en garantizar la calidad del dato, su coherencia y su trazabilidad, es decir, la posibilidad de rastrear su origen y entender cómo ha sido transformado hasta llegar al resultado final.

Las herramientas más utilizadas en esta fase de análisis son aquellas que permiten gestionar datos tabulares, crear visualizaciones comprensibles para usuarios no técnicos y generar informes fácilmente exportables. Estas aplicaciones deben contar con funcionalidades como filtrado avanzado, segmentación por categorías, ordenación jerárquica, agregación de métricas y posibilidad de cruzar múltiples variables para construir vistas personalizadas. Además, deben ofrecer opciones de automatización para actualizar los datos en tiempo real o con una frecuencia programada, y funcionalidades de compartición segura con distintos perfiles de usuarios dentro de la organización.

la analítica descriptiva cumple una función fundamental en la toma de decisiones basada en datos: proporciona información fiable y estructurada sobre lo que ya ha ocurrido, permitiendo a las empresas conocer su rendimiento, comparar resultados, identificar áreas de mejora y comunicar de forma clara el estado de sus operaciones a través de datos objetivos y visualmente accesibles. Dominar este tipo de analítica es el primer paso para evolucionar hacia enfoques más complejos, como la analítica diagnóstica, predictiva o prescriptiva.

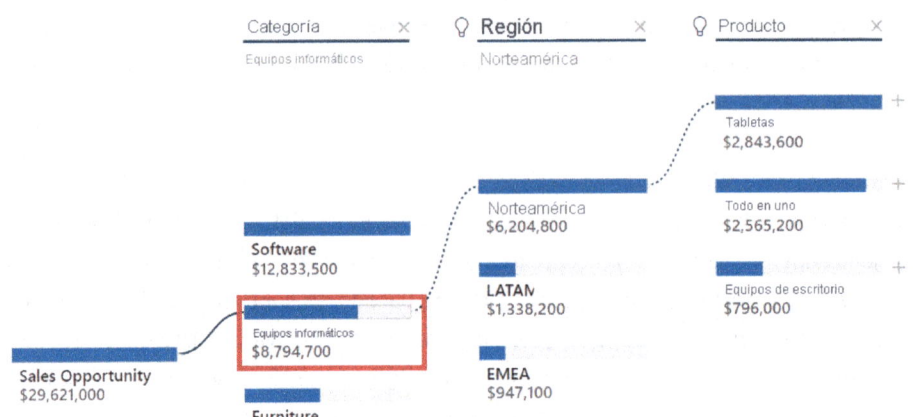

Fig. 7. Un seguimiento segmentado por regiones o zonas geográficas es clave

La analítica diagnóstica da un paso más allá al plantear "¿Por qué ha sucedido?". No se limita a mostrar datos, sino que profundiza en las causas subyacentes de los eventos. A través del análisis de correlaciones, cruces de variables y estudios de causa-efecto, se puede entender mejor qué factores influyen en los resultados. Esta analítica requiere herramientas que permitan manipular y explorar datos con mayor flexibilidad, como SQL para realizar consultas complejas, Python con librerías especializadas como pandas y seaborn para realizar análisis visuales, y programas estadísticos como SPSS. Un ejemplo práctico sería investigar por qué han disminuido las ventas de una categoría específica de producto, analizando variables como precio, stock, competencia o estacionalidad.

La analítica predictiva busca anticipar lo que podría pasar en el futuro. Utiliza modelos estadísticos y algoritmos de machine learning para generar predicciones basadas en datos históricos y en patrones descubiertos previamente. Aplicaciones como la predicción de la demanda de productos, la estimación del riesgo de abandono de clientes o el pronóstico de incidencias son habituales en este nivel. Python, con librerías como scikit-learn, R, IBM SPSS Modeler y plataformas en la nube como Azure Machine Learning, permiten construir estos modelos con alta precisión. Este tipo de analítica ayuda a tomar decisiones proactivas, como reforzar el stock antes de un pico de demanda previsto o diseñar campañas de fidelización para clientes con alto riesgo de abandono.

Proceso

La evolución del valor de los datos se entiende a través de cuatro tipos de analítica que se construyen una sobre la otra:

- **Analítica descriptiva:** ¿Qué ha pasado? Resume datos históricos para entender los cambios. Es la base de la mayoría de los informes de BI.
- **Analítica diagnóstica:** ¿Por qué ha pasado? Profundiza en los datos para encontrar las causas de un resultado. Implica técnicas como el *drill-down* o la correlación.
- **Analítica predictiva:** ¿Qué pasará? Utiliza modelos estadísticos y de *machine learning* para prever resultados futuros.
- **Analítica prescriptiva:** ¿Qué deberíamos hacer? Recomienda acciones concretas para alcanzar un objetivo, basándose en las predicciones.

Por su parte, la analítica prescriptiva aporta un enfoque orientado a la acción. No solo predice escenarios, sino que propone las mejores decisiones posibles para alcanzar objetivos específicos. A través de algoritmos de optimización y modelos matemáticos, se identifican soluciones que maximizan resultados o minimizan costes. Por ejemplo, en logística, se pueden optimizar rutas de reparto para reducir tiempos y costes de transporte.

Herramientas como Google OR-Tools, IBM Decision Optimization y Python con el módulo PuLP permiten resolver este tipo de problemas complejos de manera eficiente. También se utiliza en motores de recomendación que sugieren productos personalizados basados en el comportamiento del usuario.

La analítica cognitiva representa el nivel más avanzado, integrando capacidades de inteligencia artificial para trabajar con datos no estructurados como texto, imágenes, vídeos y audios. Este tipo de analítica es esencial para interpretar conversaciones en redes sociales, realizar análisis de sentimientos, detectar patrones visuales o entender lenguaje natural. Tecnologías como IBM Watson, Azure Cognitive Services y las APIs de Google Cloud AI permiten procesar y analizar estos datos de forma escalable. Un caso práctico sería el análisis de comentarios de clientes para identificar niveles de satisfacción o detectar tendencias emergentes en tiempo real.

Cada tipo de analítica no es excluyente, sino que se complementan entre sí. Un proceso maduro de análisis de datos suele comenzar con una visión descriptiva, profundizar en las causas con la diagnóstica, anticipar escenarios futuros mediante la predictiva, sugerir decisiones óptimas con la prescriptiva y, finalmente, incorporar análisis cognitivo para enriquecer las fuentes de información. Este enfoque integral proporciona a las organizaciones una capacidad analítica robusta y flexible.

 **Ejemplo**

Una cadena de *retail* analiza sus ventas:

- **Descriptiva:** "Las ventas de helados aumentaron un 30% la semana pasada."
- **Diagnóstica:** Al cruzar datos de ventas con datos meteorológicos, descubren que el aumento coincidió con una ola de calor. "Las ventas subieron por las altas temperaturas."
- **Predictiva:** El modelo de predicción, alimentado con el pronóstico del tiempo, indica que "se espera un aumento similar de ventas la próxima semana debido a que continuará el calor".
- **Prescriptiva:** El sistema recomienda automáticamente: "Aumentar el pedido de helados en un 25% para la próxima semana y lanzar una promoción de '2x1' en refrescos para maximizar el beneficio".

La elección del tipo de analítica a emplear depende del objetivo de negocio y del nivel de madurez en la gestión de datos. Compañías que recién comienzan a trabajar con datos suelen centrarse en la analítica descriptiva, mientras que aquellas que ya disponen de sistemas y cultura de datos avanzados pueden aprovechar los beneficios de la analítica prescriptiva y cognitiva. La correcta implementación de cada nivel requiere no solo las herramientas adecuadas, sino también metodologías sólidas y un gobierno del dato que garantice la calidad y la integridad de la información.

El dominio de estos cinco tipos de analítica permite transformar los datos en información útil, las predicciones en oportunidades estratégicas y las recomendaciones en acciones efectivas. La progresión desde el análisis básico hasta la inteligencia avanzada proporciona a las organizaciones la capacidad de adaptarse, competir y evolucionar en un entorno cada vez más orientado a los datos.

3. Data Warehouse

Un Data Warehouse es un sistema especializado de almacenamiento de datos diseñado específicamente para facilitar la consulta, el análisis y la obtención de información estratégica a partir de grandes volúmenes de datos. A diferencia de las bases de datos transaccionales, que están orientadas a la operativa diaria de la empresa (como registrar ventas, gestionar inventario o dar soporte a procesos administrativos), el Data Warehouse se construye con el propósito de almacenar datos históricos, estructurados y consolidados, optimizados para su análisis en profundidad.

La arquitectura de un Data Warehouse está pensada para soportar consultas complejas, cruzar grandes cantidades de información y ofrecer respuestas rápidas incluso ante análisis multidimensionales. Este tipo de sistema no está diseñado para actualizar datos en tiempo real continuamente, sino para recibir actualizaciones periódicas que consolidan la información de múltiples fuentes. Su estructura facilita la identificación de patrones, la comparación de métricas a lo largo del tiempo y la obtención de indicadores clave de rendimiento que permiten a los responsables tomar decisiones informadas y basadas en datos.

Fig. 8. La gestión de almacenes con sistemas ERP y CRM permiten ser más ágiles

Una de las características más destacadas de un Data Warehouse es su capacidad para integrar datos procedentes de distintas fuentes heterogéneas. Estas fuentes pueden incluir sistemas internos de la organización, como bases de datos operativas, plataformas ERP (Enterprise Resource Planning) y CRM (Customer Relationship

Management), así como archivos externos en formato Excel, CSV, XML o incluso fuentes provenientes de APIs y aplicaciones de terceros. Esta integración es fundamental porque permite unificar toda la información relevante en un único entorno centralizado, superando la fragmentación que suelen tener los sistemas operativos dispersos y aislados dentro de la empresa.

Antes de que los datos puedan almacenarse en el Data Warehouse, deben pasar por un proceso riguroso de preparación. Este proceso incluye varias etapas que garantizan la calidad, consistencia y utilidad de la información. En primer lugar, se lleva a cabo una extracción de los datos desde las distintas fuentes (fase de extracción), luego se procede a su transformación, lo que implica limpiar errores, eliminar duplicidades, homogeneizar formatos, aplicar reglas de negocio y estructurar la información para que sea comparable y coherente. Finalmente, los datos se cargan en el almacén (fase de carga). Este conjunto de etapas forma parte del proceso conocido como ETL (Extract, Transform, Load), y es clave para asegurar que los datos almacenados sean fiables y estén listos para ser analizados.

El Data Warehouse también se caracteriza por organizar la información de manera que sea fácilmente consultable desde múltiples dimensiones, como tiempo, ubicación geográfica, línea de producto o segmento de cliente. Esta organización multidimensional permite aplicar técnicas analíticas avanzadas, como el procesamiento analítico en línea (OLAP), que facilita la exploración de los datos mediante operaciones como desglose (drill-down), agrupación (roll-up), corte (slice) o pivote (dice). Todo esto permite a los usuarios analizar el negocio desde distintas perspectivas, detectar tendencias, identificar anomalías o hacer seguimiento de los objetivos estratégicos.

Además, un Data Warehouse está optimizado para el rendimiento analítico. Esto significa que, a diferencia de las bases de datos operativas —donde la velocidad en la escritura o inserción de nuevos registros es prioritaria—, el Data Warehouse prioriza la eficiencia en la lectura masiva de datos. Para lograrlo, se utilizan tecnologías como el almacenamiento columnar, el particionado de datos, el procesamiento paralelo y la indexación avanzada, lo que permite reducir significativamente los tiempos de respuesta incluso ante consultas complejas sobre conjuntos de datos muy extensos.

En términos de mantenimiento, un Data Warehouse debe estar sujeto a políticas de actualización y supervisión que aseguren la integridad y disponibilidad de los datos. Esto incluye la programación periódica de los procesos ETL, la validación de la carga de datos, el monitoreo del rendimiento del sistema y la implementación de medidas de seguridad que garanticen el acceso restringido a la información confidencial. Asimismo, es importante que el diseño del Data Warehouse sea escalable, para poder incorporar nuevas fuentes de datos y soportar un crecimiento continuo del volumen de información sin que se vea afectado el rendimiento.

En definitiva, un Data Warehouse representa un componente clave en la estrategia de inteligencia de negocios de cualquier organización. Su función no es solo almacenar datos, sino estructurarlos, integrarlos y prepararlos para que puedan ser utilizados como base sólida en el análisis, el reporting y la toma de decisiones. Al centralizar y estandarizar la información, el Data Warehouse contribuye a generar una visión única y compartida del negocio, facilitando la colaboración entre áreas y alineando las decisiones con los objetivos estratégicos de la empresa.

El diseño de un Data Warehouse se estructura en diferentes zonas que desempeñan funciones específicas. La primera es la zona de orígenes, donde se capturan los datos de los distintos sistemas operacionales. Luego, los datos se trasladan a la zona de staging, que actúa como un espacio temporal donde se realizan tareas de depuración, transformación y carga (ETL). Este paso es crucial para garantizar la calidad y consistencia de los datos antes de su almacenamiento definitivo. Posteriormente, los datos llegan a la zona de almacenamiento, donde se organizan utilizando modelos específicos como el modelo estrella o el modelo copo de nieve. Estos modelos permiten estructurar los datos de forma que las consultas sean rápidas y eficientes. Finalmente, la zona de acceso proporciona a los usuarios herramientas como OLAP, dashboards interactivos y sistemas de reporting que facilitan la exploración y análisis de la información.

Fig. 9. El data warehouse permite tener trazabilidad en todos los pasos de la empresa

El modelo estrella es uno de los más utilizados en la organización de un Data Warehouse, ya que ofrece una estructura simple y directa. En este modelo, una tabla central de hechos, que recoge las métricas principales del negocio, se conecta a múltiples tablas de dimensiones que describen los atributos relacionados, como tiempo, productos, clientes o regiones. Por otro lado, el modelo copo de nieve es una variante más normalizada que permite reducir redundancias en las tablas dimensionales, aunque puede complicar las consultas. La elección entre estos modelos dependerá de las necesidades analíticas, la complejidad del negocio y los volúmenes de datos que se gestionen.

Vocabulario

Data Warehouse (DWH) o Almacén de Datos: Es una base de datos corporativa, centralizada y optimizada para el análisis y la generación de informes. Sus características principales son: estar orientado a temas (ventas, marketing, finanzas), integrar datos de múltiples fuentes, ser histórico (variante en el tiempo) y no volátil (los datos, una vez cargados, no se modifican). Su objetivo es proporcionar una "única fuente de la verdad" para la toma de decisiones.

Dentro del ecosistema de tecnologías para Data Warehousing, existen plataformas muy consolidadas que ofrecen diferentes ventajas según el contexto. Microsoft SQL Server proporciona una solución robusta y versátil para organizaciones que prefieren infraestructuras on-premise o híbridas. Amazon Redshift y Google BigQuery, por su parte, son soluciones *cloud* altamente escalables que permiten gestionar cantidades masivas de datos sin necesidad de infraestructuras locales. Snowflake destaca por su arquitectura elástica y su capacidad para separar el almacenamiento del procesamiento, lo que permite ajustar recursos de manera eficiente en función de la carga de trabajo. Cada una de estas tecnologías cuenta con herramientas de optimización y conectores que facilitan la integración con otras aplicaciones y fuentes de datos.

Un Data Warehouse ofrece múltiples ventajas estratégicas para las organizaciones. Proporciona un acceso centralizado a datos históricos y actuales, lo que mejora la calidad de la información utilizada en los procesos de análisis. Además, permite realizar consultas complejas y generar informes detallados con mayor rapidez, lo que agiliza la toma de decisiones. La capacidad de consolidar información procedente de diferentes áreas de la empresa favorece la obtención de *insights* más completos y precisos. Asimismo, al contar con datos depurados y transformados, se reduce el riesgo de errores y se mejora la fiabilidad de los análisis realizados.

Para gestionar eficazmente un Data Warehouse, es fundamental seguir buenas prácticas que garanticen su rendimiento y escalabilidad a largo plazo. Es recomendable diseñar un modelo de datos que se adapte a las necesidades analíticas específicas del negocio y que permita un crecimiento ordenado. Los procesos ETL deben estar automatizados y correctamente documentados para asegurar que las cargas de datos sean consistentes y reproducibles. La calidad de los datos debe ser monitorizada de forma continua, aplicando controles que permitan detectar errores, inconsistencias o duplicidades. Además, es esencial planificar la escalabilidad de la infraestructura para soportar el crecimiento del volumen de datos y la complejidad de las consultas.

 **Anotación**

No se debe confundir un Data Warehouse con un Data Lake. Un DWH almacena datos estructurados y procesados, listos para el análisis de BI. Un Data Lake, en cambio, es un repositorio que almacena grandes volúmenes de datos en su formato nativo, ya sean estructurados (tablas), semi-estructurados (JSON) o no estructurados (imágenes, textos). El Data Lake es más flexible y se usa a menudo para tareas de ciencia de datos, mientras que el DWH es la base del BI tradicional.

El uso de herramientas de visualización y análisis como Power BI, Tableau o Looker complementa el Data Warehouse al permitir que los datos almacenados se transformen en cuadros de mando visuales, gráficos interactivos y reportes dinámicos. Estas herramientas ayudan a los usuarios a interpretar los datos de manera más intuitiva, facilitando la detección de patrones, tendencias y anomalías. Además, las integraciones con plataformas de aprendizaje automático y procesamiento en la nube permiten que un Data Warehouse se convierta en un pilar clave para proyectos de inteligencia artificial y análisis predictivo. Comprender cada uno de estos elementos, desde la estructura hasta las tecnologías y buenas prácticas, es esencial para construir soluciones de análisis de datos potentes y sostenibles.

Resumen

El Business Intelligence (BI) y la Transformación Digital se consolidan como pilares fundamentales para el éxito empresarial en la era actual, impulsando la eficiencia, la toma de decisiones estratégicas y la competitividad. En este contexto, el análisis de las herramientas informáticas inteligentes y la infraestructura que las soporta se vuelve crucial para optimizar procesos y convertir datos en conocimiento accionable. La sinergia entre un software potente y una infraestructura sólida es la base para construir organizaciones ágiles y preparadas para el futuro.

Este estudio profundiza en el concepto de BI, su papel en la mejora operativa y la generación de ventajas competitivas. Asimismo, explora los distintos tipos de analítica (descriptiva, diagnóstica, predictiva y prescriptiva) y su aplicación estratégica para la interpretación de datos, desde la comprensión de eventos pasados hasta la anticipación de escenarios futuros y la propuesta de acciones óptimas. Cada nivel de analítica se complementa, ofreciendo una visión integral para la gestión eficaz de la información.

Un componente esencial para la inteligencia de negocios es el Data Warehouse. Este sistema especializado se encarga de almacenar y consolidar grandes volúmenes de datos provenientes de diversas fuentes. A diferencia de las bases de datos transaccionales, el Data Warehouse está optimizado para análisis históricos y complejos, facilitando la extracción de patrones y tendencias. Su diseño, que incluye zonas de origen, *staging* y almacenamiento, garantiza la calidad y coherencia de los datos.

La implementación exitosa de herramientas informáticas inteligentes no depende únicamente de su funcionalidad, sino también de la infraestructura tecnológica que las respalda. Esta infraestructura abarca servidores, redes, sistemas operativos y software, asegurando que las herramientas operen de forma eficiente y sin interrupciones. La correcta elección y diseño de la arquitectura de datos, ya sea a través de modelos estrella, copo de nieve o soluciones en la nube, es vital para una gestión de datos flexible y eficiente.

El proceso de inteligencia de negocios inicia con la identificación de fuentes de datos (internas y externas) y los procesos ETL (Extract, Transform, Load), que permiten extraer, transformar y cargar datos heterogéneos en el Data Warehouse. La transformación es clave, ya que limpia y normaliza los datos para un análisis eficiente. Posteriormente, herramientas de análisis y visualización como Power BI o Tableau permiten construir *dashboards* dinámicos y reportes personalizados, haciendo la información compleja accesible para la toma de decisiones.

Los beneficios de la inteligencia de negocios son múltiples. Permite tomar decisiones rápidas y basadas en datos fiables, mejorando la eficiencia operativa, reduciendo costes y facilitando una adaptación ágil a los cambios del mercado. La identificación de tendencias emergentes y patrones de consumo ayuda a anticiparse a las necesidades de los clientes y a diseñar estrategias comerciales más efectivas, impactando directamente en la competitividad de las organizaciones.

El análisis conjunto de las herramientas informáticas inteligentes y la infraestructura que las soporta es crucial para una transformación digital exitosa. Este enfoque integral, que abarca desde la recolección y procesamiento de datos hasta la analítica avanzada y la visualización, proporciona a las empresas la capacidad de mejorar la eficiencia, innovar continuamente y fortalecer su posición competitiva en un mercado en constante evolución.

Glosario

Algoritmos de *machine learning*

Conjuntos de instrucciones utilizadas en la analítica predictiva para generar predicciones y modelos basados en patrones descubiertos en los datos.

Análisis de herramientas informáticas inteligentes

Proceso de comprender cómo estas aplicaciones se integran eficientemente en los flujos de trabajo, aportan valor en la gestión diaria y se convierten en aliados estratégicos para los objetivos de negocio.

Analítica cognitiva

Nivel más avanzado de analítica que integra capacidades de inteligencia artificial para trabajar con datos no estructurados (texto, imágenes, vídeos, audios), esencial para interpretar conversaciones, análisis de sentimientos o lenguaje natural.

Analítica descriptiva

Tipo de analítica de datos que se centra en responder a la pregunta "¿Qué ha sucedido?", utilizando datos históricos para ofrecer una visión clara del comportamiento pasado a través de informes y *dashboards*.

Analítica diagnóstica

Tipo de analítica que va más allá de la descriptiva, planteando "¿Por qué ha sucedido?", profundizando en las causas subyacentes de los eventos mediante el análisis de correlaciones y estudios de causa-efecto.

Analítica predictiva

Tipo de analítica que busca anticipar "lo que podría pasar en el futuro", utilizando modelos estadísticos y algoritmos de *machine learning* para generar predicciones basadas en datos históricos y patrones.

Analítica prescriptiva

Tipo de analítica que aporta un enfoque orientado a la acción, proponiendo "las mejores decisiones posibles" para alcanzar objetivos específicos a través de algoritmos de optimización y modelos matemáticos.

Arquitectura de datos

La forma en que se organizan los datos dentro de la infraestructura tecnológica, incluyendo modelos como el Data Warehouse, lagos de datos (*data lakes*) o estructuras híbridas, para una gestión flexible y eficiente.

Business Intelligence (BI) / Inteligencia de negocios

Sistema integral que permite a las organizaciones transformar datos dispersos en información valiosa, facilitando la toma de decisiones estratégicas y la mejora continua de las operaciones.

Cultura organizacional orientada al dato

Un componente esencial para la implementación de la BI, donde todas las áreas trabajan de forma coordinada, promoviendo la alfabetización digital y la toma de decisiones basada en datos.

Data Warehouse

Sistema especializado diseñado para consolidar grandes volúmenes de información estructurada y organizada lógicamente para análisis históricos y comparativos, optimizado para consultas complejas.

Fuentes de datos

Orígenes (internos como bases de datos relacionales, ERP, CRM; o externos como redes sociales, sensores IoT) desde los cuales se recopila información para ser utilizada en el análisis y BI.

Herramientas de análisis y visualización de datos

Plataformas como Power BI, Tableau, Qlik Sense y Google Data Studio que permiten construir *dashboards* dinámicos, gráficos interactivos y reportes personalizados para facilitar la comprensión de datos complejos.

Herramientas informáticas inteligentes

Soluciones tecnológicas que optimizan procesos, mejoran la toma de decisiones y transforman datos en conocimiento accionable, abarcando sistemas como ERP, plataformas de BI e inteligencia artificial.

Infraestructura de red

Parte de la infraestructura tecnológica que debe garantizar alta disponibilidad, baja latencia y seguridad en la transmisión de datos, especialmente crítica en entornos cloud o distribuidos.

Infraestructura informática

La base sólida y crítica (servidores, redes seguras, almacenamiento adecuado) que soporta y garantiza el correcto funcionamiento de las herramientas informáticas inteligentes, proporcionando estabilidad, velocidad y escalabilidad.

KPIs (Key Performance Indicators)

Indicadores visuales que permiten identificar rápidamente áreas críticas y oportunidades de mejora, como la evolución de ventas o el rendimiento por canal, en *dashboards* de BI.

Modelos estadísticos

Métodos utilizados en la analítica predictiva y prescriptiva para simular escenarios, realizar análisis y optimizar recursos a través de algoritmos avanzados.

OLAP (Online Analytical Processing)

Técnica utilizada en los Data Warehouse que facilita la consulta y el análisis de datos multidimensionales, permitiendo detectar patrones y medir la evolución de indicadores clave a lo largo del tiempo.

Procesos ETL (Extract, Transform, Load)

Fases cruciales de la inteligencia de negocios que permiten extraer datos heterogéneos, transformarlos para compatibilidad y coherencia (limpieza, corrección de errores, eliminación de duplicados) y cargarlos en sistemas centralizados.

Seguridad de la infraestructura

Aspecto crucial que implica la implementación de mecanismos como cifrado de datos, autenticación multifactor, control de accesos y monitorización continua para proteger la integridad y confidencialidad de la información.

Sinergia entre software e infraestructura

La combinación esencial de las capacidades del software y la solidez de la infraestructura, que constituye la base para construir una organización ágil, eficiente y preparada para la transformación digital.

Sistemas de soporte a la decisión (DSS)

Sistemas dentro de la inteligencia de negocios que permiten simular escenarios, realizar análisis predictivos y optimizar recursos a través de modelos matemáticos, sugiriendo acciones concretas.

Ejercicios de autoevaluación

1. ¿Cuál es el objetivo principal del Business Intelligence (BI)?

a. Producir grandes volúmenes de datos.

b. Transformar datos en información útil para la toma de decisiones.

c. Almacenar datos sin analizarlos.

d. Automatizar procesos mecánicos.

2. ¿Qué característica distingue al BI de un simple análisis de datos?

a. Solo utiliza datos históricos.

b. Se limita a la generación de informes.

c. Emplea únicamente hojas de cálculo.

d. Integra, transforma y visualiza datos para tomar decisiones estratégicas.

3. ¿Cuál de estos procesos NO forma parte habitual del Business Intelligence?

a. Extracción de datos.

b. Fabricación de hardware.

c. Limpieza de datos.

d. Visualización de información.

4. ¿Por qué surge el concepto de BI en las organizaciones?

a. Por moda empresarial.

b. Para crear sitios web.

c. Para optimizar la toma de decisiones a partir de datos.

d. Para reducir únicamente el coste tecnológico.

5. ¿Qué ventaja aporta el BI a la gestión empresarial?

   a. Limita la innovación.

   b. Permite anticiparse a cambios del mercado.

   c. Reduce la colaboración interna.

   d. Elimina la necesidad de analizar datos.

6. ¿Qué componente NO es esencial en un sistema de BI?

   a. Almacenamiento de datos.

   b. Producción de software de oficina.

   c. Herramientas de análisis.

   d. Visualización interactiva.

7. ¿Qué describe mejor la función de la visualización en BI?

   a. Ocultar la información al usuario.

   b. Exportar datos en bruto.

   c. Presentar datos de forma comprensible y útil.

   d. Convertir informes en imágenes aleatorias.

8. ¿Cuál es una fuente común de datos para un sistema de BI?

   a. Sensores climáticos únicamente.

   b. Bases de datos empresariales.

   c. Solo correos electrónicos.

   d. Sitios web estáticos sin datos.

9. ¿Qué herramienta se utiliza habitualmente en BI para explorar y analizar datos?

    a. Antivirus.

    b. *Dashboard* o panel de control.

    c. Procesador de textos.

    d. Compresor de archivos.

10. ¿Qué acción es fundamental en la limpieza de datos para BI?

    a. Ignorar los datos duplicados.

    b. Añadir datos irrelevantes.

    c. Eliminar valores inconsistentes o erróneos.

    d. Introducir errores manualmente.

U. A. 1. Análisis tanto de herramientas informáticas inteligentes como de la infraestructura que permite su correcto funcionamiento dentro de la organización

U. A. 2. Realización de una planificación viable, así como el perfeccionamiento del análisis de datos estructurados

Introducción

En un entorno empresarial marcado por la volatilidad y la necesidad de respuestas ágiles, la planificación efectiva se convierte en un factor determinante para alcanzar los objetivos estratégicos. No basta con definir metas; es imprescindible construir planes viables, medibles y alineados con la realidad de la organización. Esta unidad se centra en la importancia de desarrollar una planificación sólida y operativa que permita anticipar desafíos, asignar recursos de forma eficiente y actuar con precisión ante los cambios del mercado.

Una planificación viable no es solo una hoja de ruta teórica. Requiere de un análisis riguroso de los datos estructurados disponibles, lo que implica interpretar cifras, detectar patrones y proyectar escenarios realistas. A través del uso inteligente de los datos, las organizaciones pueden validar sus decisiones y establecer cronogramas, presupuestos y métricas basadas en evidencia concreta. Este enfoque *data-driven* mejora la coherencia entre los objetivos propuestos y los recursos disponibles.

El perfeccionamiento del análisis de datos estructurados es, por tanto, una competencia clave. Los datos estructurados —almacenados en bases organizadas como hojas de cálculo o bases de datos relacionales— ofrecen una fuente valiosa de información que, bien tratada, revela *insights* relevantes sobre operaciones, clientes, finanzas y procesos internos. No se trata solo de acumular datos, sino de extraer valor real mediante su análisis sistemático y contextual.

La calidad de la planificación mejora de forma exponencial cuando se apoya en herramientas analíticas robustas. Tecnologías como Excel avanzado, Power BI o SQL permiten no solo organizar los datos, sino transformarlos en conocimiento útil. A través de *dashboards*, KPIs y segmentaciones, se facilita la visualización clara de tendencias, desviaciones y oportunidades, favoreciendo la toma de decisiones estratégicas en tiempo real.

Esta unidad se centra en la metodología necesaria para pasar de tener datos a ejecutar proyectos que generen valor de forma sistemática. Se abordan las técnicas de minería de datos para descubrir patrones ocultos y la gestión de proyectos como el marco que garantiza que estos descubrimientos se alineen con los objetivos de negocio, se completen a tiempo y dentro del presupuesto.

Objetivos

- Elaborar planes de acción realistas y estructurados que garanticen la viabilidad de los proyectos relacionados con la gestión y análisis de datos, teniendo en cuenta los recursos, tiempos y objetivos estratégicos de la organización.

- Comprender los principios y las técnicas del Data Mining como herramienta fundamental para descubrir patrones, tendencias y relaciones ocultas en grandes volúmenes de datos estructurados, con el fin de mejorar la toma de decisiones.

- Analizar la importancia de una correcta gestión de proyectos en entornos de análisis de datos, valorando la planificación, organización, asignación de recursos, control de riesgos y seguimiento de resultados para asegurar el éxito de las iniciativas.

- Identificar las fases clave del Data Mining y cómo su correcta aplicación puede proporcionar ventajas competitivas mediante el descubrimiento de información relevante para la organización.

- Explorar diferentes metodologías de gestión de proyectos (como PMBOK, Scrum o Kanban) que pueden aplicarse eficazmente en proyectos de análisis de datos, permitiendo mayor adaptabilidad y eficiencia en entornos dinámicos.

- Desarrollar la capacidad de seleccionar y aplicar las herramientas adecuadas de planificación y análisis en función del tipo de datos, los objetivos del proyecto y los recursos disponibles.

- Evaluar la influencia de una planificación eficiente y un análisis de datos estructurado en la mejora de la productividad, la optimización de procesos y la generación de valor sostenible para la empresa.

- Fomentar la integración entre la planificación estratégica y la operativa diaria para lograr que los proyectos de análisis de datos estén plenamente alineados con los objetivos globales de la organización.

U. A. 2. Realización de una planificación viable, así como el perfeccionamiento del análisis de datos estructurados

Para empezar...

Realizar una planificación viable en proyectos de análisis de datos estructurados es un proceso crítico que determina en gran medida el éxito del proyecto. Su objetivo principal es organizar de forma metódica y anticipada todas las etapas necesarias para convertir los datos en información útil y en conocimiento accionable. Esta planificación permite establecer prioridades, asignar recursos adecuadamente, identificar riesgos potenciales y asegurar la coherencia entre los objetivos del análisis y las necesidades reales del negocio.

El primer paso fundamental consiste en comprender el entorno de datos. Esta fase implica realizar una auditoría o diagnóstico inicial que permita identificar con precisión la procedencia de los datos, es decir, las fuentes desde las cuales se obtendrán. Estas pueden ser bases de datos internas de la organización, hojas de cálculo, sistemas ERP o CRM, APIs externas, plataformas de comercio electrónico, sensores IoT, o servicios en la nube. Cada una de estas fuentes tiene particularidades que deben ser consideradas: algunas entregan datos en tiempo real, otras lo hacen en lotes, y otras pueden no estar automatizadas, lo cual condiciona los procesos posteriores.

A continuación, es necesario analizar el formato de los datos disponibles. Aunque se trata de un proyecto de datos estructurados —es decir, datos que se organizan en tablas con filas y columnas claramente definidas—, es habitual encontrar múltiples formatos: SQL, CSV, Excel, JSON o incluso XML. Estos formatos deben normalizarse para que puedan ser procesados de forma uniforme. Esta etapa también incluye la revisión de los tipos de datos, por ejemplo, si se trata de valores numéricos, fechas, cadenas de texto, identificadores únicos, etc., ya que esto influirá en el tipo de análisis que se podrá realizar posteriormente.

Una parte crítica del diagnóstico inicial es la evaluación de la calidad de los datos. Trabajar con datos incompletos, duplicados, inconsistentes o desactualizados puede conducir a conclusiones erróneas y decisiones equivocadas. Por eso, es necesario realizar un análisis de calidad que identifique problemas como la falta de valores, errores de codificación, registros duplicados o datos fuera de rango. Esta revisión permite planificar las tareas de limpieza y transformación necesarias antes de comenzar con el análisis propiamente dicho.

Una vez comprendido el entorno de datos, se puede comenzar a diseñar un plan de acción realista y ajustado a las características del proyecto. Este plan debe incluir la definición clara de los objetivos del análisis: qué se quiere descubrir, qué decisiones se quieren fundamentar, qué problemas se pretenden resolver o qué indicadores se desean optimizar. Estos objetivos deben estar alineados con las prioridades estratégicas de la organización y ser medibles en términos de resultados esperados.

La planificación también debe contemplar la secuenciación de tareas. Esto incluye desde la recolección y preparación de los datos, hasta la fase de análisis, visualización y presentación de resultados. En cada etapa deben definirse responsables, plazos, herramientas a utilizar y entregables intermedios. La asignación adecuada de recursos humanos y tecnológicos es esencial para garantizar que el proyecto avance sin bloqueos.

Fig. 1. Igual que en los proyectos de arquitectura, en los datos la organización entre departamentos es clave

Asimismo, se deben identificar y anticipar los posibles riesgos o dificultades técnicas. Entre estos riesgos se encuentran la incompatibilidad entre sistemas, la falta de acceso a datos clave por restricciones legales o técnicas, la resistencia al cambio por parte de los usuarios, la escasez de competencias analíticas en el equipo o problemas de escalabilidad en la infraestructura disponible. Identificar estos puntos críticos desde el inicio permite diseñar planes de contingencia, definir dependencias, o buscar alternativas viables antes de que afecten al desarrollo del proyecto.

Otro aspecto importante en la planificación es la documentación continua. Registrar todas las decisiones, supuestos, fuentes de datos, criterios de exclusión o inclusión, transformaciones aplicadas y herramientas utilizadas no solo garantiza la trazabilidad del proyecto, sino que facilita la revisión, replicación o mejora futura del análisis. Este registro también contribuye a generar una cultura de datos sólida dentro de la organización.

Definir objetivos claros es otro aspecto esencial. No se trata únicamente de recopilar y analizar datos, sino de saber qué preguntas se quieren responder y qué decisiones deben apoyarse en esos resultados. Estos objetivos deben estar alineados con la estrategia de negocio, así como ser específicos, medibles, alcanzables, relevantes y con un plazo definido (SMART). De este modo, se garantiza que los esfuerzos de análisis estén dirigidos a resolver problemas concretos y aportar un valor tangible.

 **Importante**

El 85% de los proyectos de Big Data fracasan (Gartner). La causa principal no suele ser la tecnología, sino la falta de una planificación viable, objetivos de negocio poco claros y una mala gestión del proyecto. Esta unidad aborda directamente cómo mitigar esos riesgos a través de una correcta planificación y ejecución.

Una vez definidos los objetivos, es necesario establecer un flujo de trabajo lógico y eficiente para el tratamiento de los datos. Este flujo debe incluir desde la adquisición, limpieza y transformación de datos, hasta el análisis propiamente dicho y la visualización de resultados. Cada etapa debe ser planificada con atención a los recursos disponibles, los plazos y las responsabilidades asignadas, para asegurar un proceso ordenado y reproducible.

La selección de las herramientas adecuadas es un factor clave en la viabilidad del proyecto. Existen numerosas soluciones tecnológicas, desde bases de datos relacionales y sistemas de almacenamiento en la nube, hasta plataformas avanzadas de análisis como Python con librerías de ciencia de datos, R, SQL, Tableau o Power BI. La elección debe basarse en la compatibilidad con los datos, la experiencia del equipo, el coste y la escalabilidad, siempre buscando optimizar la eficiencia sin sacrificar la calidad.

El perfeccionamiento del análisis de datos estructurados implica ir más allá de la simple agregación o visualización. Es necesario aplicar técnicas estadísticas y de modelado que permitan extraer patrones, tendencias y relaciones relevantes. Métodos como la regresión, análisis de *clustering* o modelos predictivos aportan una profundidad analítica que puede anticipar comportamientos y apoyar decisiones proactivas.

Además, es fundamental implementar mecanismos de validación y control de calidad de los datos y los análisis realizados. Esto incluye pruebas de consistencia, revisión de anomalías y evaluación de la precisión de los modelos. La confianza en los resultados depende de la rigurosidad con la que se gestionen estas etapas, asegurando que las conclusiones derivadas sean robustas y replicables.

El análisis estructurado no se limita a los datos históricos; la planificación viable debe contemplar también la actualización y mantenimiento constante de la base de datos, así como la posibilidad de integrar nuevos conjuntos de datos. Esta capacidad de evolución es clave para mantener la relevancia y utilidad del análisis a lo largo del tiempo, permitiendo ajustar estrategias a medida que cambian las condiciones del entorno.

La presentación y comunicación de los resultados son vitales para el éxito del proyecto. No basta con obtener análisis complejos si no se pueden interpretar fácilmente por los responsables de la toma de decisiones. Crear *dashboards* claros, informes visualmente atractivos y explicaciones accesibles facilita la comprensión y el uso efectivo de los datos, cerrando el ciclo de análisis con un impacto real y medible en la estrategia empresarial.

1. Data Mining

La minería de datos es una disciplina esencial dentro del ecosistema del Big Data y la inteligencia de negocios (Business Intelligence), que permite descubrir conocimiento oculto en grandes conjuntos de datos. Su propósito no se limita a analizar datos de forma superficial, sino que busca detectar estructuras complejas, correlaciones significativas, anomalías, asociaciones y patrones de comportamiento que de otro modo permanecerían invisibles. Estos hallazgos permiten a las organizaciones anticiparse a eventos futuros, optimizar recursos, personalizar servicios, detectar fraudes, mejorar procesos y generar ventajas competitivas sostenibles.

Aunque la minería de datos puede aplicarse a múltiples tipos de datos, se centra tradicionalmente en datos estructurados, es decir, aquellos que se organizan en filas y columnas dentro de bases de datos relacionales. Esta estructura facilita la aplicación de algoritmos y modelos estadísticos avanzados, aunque también existen técnicas específicas para datos semiestructurados y no estructurados. El verdadero valor de esta disciplina radica en su capacidad para transformar grandes volúmenes de datos crudos, dispersos y aparentemente inconexos en conocimiento útil para la toma de decisiones.

Fig. 2. Las gráficas visuales permiten alinear objetivos con toda la compañía

El proceso de minería de datos se compone de varias fases interdependientes que deben realizarse con rigor metodológico para asegurar la validez de los resultados. La primera fase es la selección de datos, que consiste en identificar, entre el universo total de datos disponibles, aquellos que son relevantes para el problema o hipótesis que se desea analizar. Esta etapa implica definir criterios claros de inclusión y exclusión, identificar variables significativas y reducir la complejidad del conjunto inicial para enfocarse en los datos que realmente aportan valor al análisis.

Tras la selección, se realiza el preprocesamiento, una etapa crítica que tiene como objetivo preparar los datos para que puedan ser analizados sin distorsiones ni interferencias. Durante este proceso, se identifican y eliminan errores, como registros duplicados, valores atípicos (*outliers*) o inconsistencias lógicas (por ejemplo, edades negativas o fechas imposibles). También se rellenan o gestionan los valores ausentes (*missing values*), ya sea mediante imputación estadística, interpolación o eliminación de registros incompletos. Además, se lleva a cabo una normalización o estandarización de los datos, que consiste en transformar variables con escalas diferentes para que sean comparables entre sí. Este paso es fundamental para evitar que ciertas variables dominen el análisis por su magnitud numérica, y para garantizar que los algoritmos posteriores funcionen de manera adecuada.

Una vez que los datos están limpios y estandarizados, se procede a la transformación, una fase en la que se generan nuevas variables a partir de las existentes, se agrupan categorías, se crean variables indicadoras (*dummies*) o se reducen las dimensiones mediante técnicas como el análisis de componentes principales (PCA). Estas transformaciones permiten mejorar la representatividad de los datos y facilitar la identificación de patrones significativos durante las siguientes fases del proceso.

El siguiente paso es la minería propiamente dicha, donde se aplican técnicas y algoritmos específicos para identificar patrones en los datos. Estas técnicas pueden clasificarse en varios grupos: clasificación (asignar categorías a los datos), regresión (predecir valores continuos), segmentación (agrupar datos similares mediante clustering), asociación (descubrir relaciones entre variables), detección de anomalías (identificar casos que se desvían del comportamiento normal) o series temporales (analizar patrones a lo largo del tiempo). La elección de la técnica adecuada depende del objetivo del análisis, la naturaleza de los datos y el tipo de problema a resolver.

Una vez obtenidos los modelos, se pasa a la fase de evaluación, que consiste en validar los resultados obtenidos mediante métricas de rendimiento, como precisión, recall, F1-score, error cuadrático medio, entre otros. Esta etapa permite determinar si los patrones descubiertos son estadísticamente relevantes, si el modelo se ajusta adecuadamente a los datos y si los resultados tienen sentido desde el punto de vista del negocio o del problema analizado. En esta fase también se pueden comparar distintos modelos para seleccionar el que ofrezca mejor rendimiento y mayor capacidad de generalización.

En la fase de transformación, los datos se adaptan a formatos óptimos para el análisis, lo que puede implicar reducir la dimensionalidad, agrupar variables o aplicar técnicas que faciliten la extracción de patrones. Por ejemplo, la reducción de dimensionalidad ayuda a eliminar variables redundantes o poco informativas, mejorando la eficiencia y precisión de los modelos. A continuación, en la fase de minería propiamente dicha, se aplican diferentes algoritmos que exploran los datos para encontrar estructuras relevantes. Entre estos algoritmos destacan los de *clustering*, que agrupan datos similares, y los de clasificación y regresión, que predicen categorías o valores numéricos, así como las reglas de asociación, que identifican relaciones frecuentes entre variables.

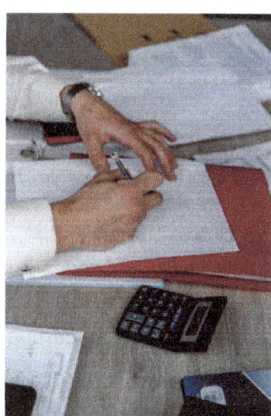

Fig. 3. La organización y la toma de datos manuales durante el proceso es clave

Entre los algoritmos de clasificación más usados están los árboles de decisión, como CART o C4.5, que segmentan el espacio de datos mediante reglas fáciles de interpretar; las máquinas de soporte vectorial (SVM), que optimizan la separación entre clases; y las redes neuronales, que modelan relaciones complejas no lineales.

Para clustering, algoritmos como k-means, DBSCAN o clustering jerárquico son frecuentes, cada uno con sus propias ventajas según la naturaleza de los datos y la forma de los grupos buscados. Las reglas de asociación, implementadas por algoritmos como Apriori o FP-growth, son especialmente útiles para identificar patrones de co-ocurrencia en bases de datos transaccionales.

Las herramientas de minería de datos ofrecen entornos gráficos o programáticos para implementar estas técnicas sin necesidad de programar desde cero. Plataformas como RapidMiner, Weka y KNIME permiten realizar todo el flujo de minería con interfaces intuitivas, facilitando la preparación, modelado y evaluación de datos. En entornos más flexibles, Python es la opción preferida, apoyada por librerías como scikit-learn para modelado, pandas para manipulación de datos y matplotlib o seaborn para visualización. Estas herramientas permiten personalizar los procesos, escalar análisis y automatizar tareas.

Ejemplo

Una empresa de telecomunicaciones quiere reducir la fuga de clientes (churn):

- Utiliza Clasificación para construir un modelo que etiqueta a cada cliente como "probable que se vaya" o "no probable".
- Utiliza Clustering para agrupar a los clientes en riesgo en diferentes segmentos (ej. "jóvenes insatisfechos con el precio", "familias con mala cobertura").
- Esto permite a la empresa diseñar ofertas de retención personalizadas para cada segmento, en lugar de una única oferta genérica.

La minería de datos encuentra aplicaciones prácticas en múltiples sectores. En el marketing, permite segmentar clientes para campañas personalizadas y detectar patrones de comportamiento que predicen la propensión a abandonar un servicio, conocido como *churn*. En finanzas, se utiliza para identificar fraudes detectando transacciones anómalas. En logística y gestión de inventarios, ayuda a optimizar stocks analizando patrones de compra y demanda. Estos ejemplos ilustran cómo la minería de datos puede generar ventajas competitivas al ofrecer información profunda y accionable.

La interpretación y evaluación de los resultados es una fase crítica, pues no basta con hallar patrones; es indispensable validar que sean estadísticamente significativos y relevantes para los objetivos planteados. Este análisis asegura que las conclusiones derivadas tengan sentido práctico y contribuyan a la toma de decisiones. La combinación de técnicas rigurosas, herramientas adecuadas y un entendimiento claro de los objetivos garantiza que la minería de datos sea una fuente poderosa para convertir grandes volúmenes de datos en conocimiento estratégico.

 Vocabulario

Data Mining (Minería de Datos): Es el proceso computacional de descubrir patrones, anomalías o correlaciones útiles en grandes conjuntos de datos para predecir resultados. Utiliza técnicas de la estadística, la inteligencia artificial y el *machine learning*. El objetivo no es extraer los datos en sí, sino extraer conocimiento accionable a partir de ellos.

2. Gestión de proyectos

La gestión de proyectos aplicada al análisis de datos estructurados es una disciplina que combina metodologías de planificación y control con conocimientos técnicos en ciencia de datos, con el fin de asegurar que cada iniciativa de análisis se lleve a cabo de forma ordenada, eficiente y orientada a resultados. La clave está en estructurar el trabajo desde el inicio, con una visión clara de los objetivos, los recursos disponibles y las limitaciones del entorno de datos, para evitar desviaciones que puedan comprometer la calidad, el tiempo o el presupuesto del proyecto.

La fase de inicio del proyecto constituye el punto de partida estratégico en cualquier iniciativa de análisis de datos. Aquí es fundamental realizar una definición clara de los objetivos, tanto generales como específicos. Esto implica saber qué se quiere analizar, qué preguntas deben responderse con los datos, y qué decisiones dependerán del resultado del análisis. Además, se debe delimitar el alcance del proyecto, es decir, hasta dónde se llegará y qué quedará fuera. Esta delimitación previene la dispersión de esfuerzos, ayuda a priorizar tareas y evita el llamado "*scope creep*" (crecimiento descontrolado del alcance del proyecto).

Fig. 4. La comunicación entre departamentos y la organización de objetivos es fundamental, mediante gráficas será posible visualizar de forma ágil

En esta fase también se realiza una evaluación inicial del volumen, calidad y accesibilidad de los datos estructurados disponibles. Esto permite anticipar las capacidades analíticas y las posibles limitaciones. Por ejemplo, si los datos son escasos, muy incompletos o presentan baja calidad, será necesario invertir más tiempo en preprocesamiento, lo cual afectará a la planificación general. Asimismo, es importante considerar los derechos de acceso a las fuentes de datos y los aspectos legales o éticos relacionados con su uso.

Una vez definido el marco inicial, se entra en la fase de planificación, que es la etapa donde se estructura el flujo de trabajo de forma detallada. Aquí se establecen las tareas específicas, los plazos estimados, los responsables de cada fase, los recursos tecnológicos que se utilizarán (*software*, *hardware*, plataformas, herramientas analíticas), y los indicadores de control que permitirán hacer seguimiento al progreso del proyecto.

Dentro de esta planificación se deben contemplar todas las etapas del ciclo de vida del análisis de datos, comenzando por la extracción de los datos desde las fuentes identificadas (bases de datos relacionales, hojas de cálculo, sistemas ERP o CRM, etc.). Posteriormente, se agenda la limpieza y transformación de datos, lo que incluye eliminar duplicados, corregir errores, estandarizar formatos y normalizar valores. A continuación, se planifica el análisis exploratorio, donde se identifican patrones, correlaciones y posibles relaciones útiles. Luego, se organiza el análisis en profundidad, que puede implicar modelado estadístico, minería de datos o generación de *dashboards*. Finalmente, se diseña la fase de comunicación de resultados, donde los hallazgos se traducen en informes visuales, presentaciones interactivas o paneles ejecutivos para los tomadores de decisiones.

Es fundamental que cada una de estas fases tenga tiempos asignados realistas y responsables claramente definidos. Esto permite un seguimiento efectivo del progreso, facilita la asignación de prioridades y mejora la comunicación entre los distintos miembros del equipo. La coordinación de roles —analistas, responsables de sistemas, gestores de negocio, *stakeholders*— es crucial para evitar cuellos de botella y garantizar la coherencia del trabajo.

La planificación debe incorporar además una estimación de riesgos potenciales. Esto incluye riesgos técnicos (como fallos en la extracción de datos, incompatibilidades entre herramientas o baja calidad de datos), riesgos humanos (como falta de formación, rotación de personal o conflictos de comunicación), y riesgos de gestión (como desviaciones de presupuesto o incumplimiento de plazos). Identificar estos riesgos desde el principio permite establecer planes de contingencia, es decir, estrategias alternativas para garantizar la continuidad del proyecto si alguno de estos riesgos se materializa.

Un buen plan también debe ser flexible y adaptable. En los proyectos de análisis de datos, es frecuente que aparezcan necesidades nuevas, cambios en los objetivos iniciales o descubrimientos que redirigen el enfoque del análisis. Por ello, aplicar metodologías ágiles, como SCRUM o Kanban, puede ser muy útil. Estas metodologías permiten iterar rápidamente, validar resultados parciales y adaptar el proyecto en función del aprendizaje progresivo.

Además, es recomendable incluir desde el inicio un sistema de documentación estructurada, donde se registren las decisiones tomadas, los cambios de alcance, los criterios de análisis, las incidencias encontradas y las acciones correctivas aplicadas. Esta documentación permite mantener la trazabilidad del proyecto, facilita auditorías y garantiza que el conocimiento generado sea transferible y replicable en futuros análisis.

Fig. 5. Tener toda la información bien organizada es fundamental

Durante la ejecución se lleva a cabo el trabajo real, desde la preparación de datos —que puede incluir depuración, transformación y normalización— hasta la aplicación de técnicas avanzadas de minería de datos o *machine learning*, según el objetivo. En esta fase, es imprescindible mantener el control sobre la calidad de los datos, aplicando métricas que permitan identificar inconsistencias o errores que puedan sesgar los resultados.

El seguimiento y control es un proceso continuo que asegura que el proyecto se mantenga alineado con los objetivos definidos inicialmente. La supervisión regular permite detectar desviaciones en tiempos, costos o calidad. Resolver problemas técnicos, como fallos en la integración de datos o en la infraestructura, es esencial para no comprometer la integridad del análisis. También se realizan validaciones periódicas para corroborar que los resultados intermedios cumplen con las expectativas y requisitos.

Al cerrar el proyecto, se debe documentar todo el proceso, consolidando aprendizajes y lecciones que permitan optimizar futuros análisis. La presentación de resultados no solo debe ser clara y visualmente comprensible, sino también debe ofrecer recomendaciones accionables que faciliten la toma de decisiones estratégicas en la empresa. Esta documentación aporta un valor añadido, transformando datos en conocimiento útil.

Proceso

CRISP-DM (Cross-Industry Standard Process for Data Mining) es el marco de gestión de proyectos de minería de datos más utilizado. Consta de 6 fases iterativas:

- **Comprensión del negocio:** Definir objetivos.
- **Comprensión de los datos:** Recopilar y explorar los datos.
- **Preparación de los datos:** Limpiar, formatear y transformar los datos.
- **Modelado:** Seleccionar y aplicar técnicas de modelado.
- **Evaluación:** Medir la eficacia del modelo contra los objetivos de negocio.
- **Despliegue:** Integrar el modelo en los sistemas de la organización.

Entre las metodologías recomendadas, Agile Data Science destaca por permitir iteraciones rápidas y la incorporación de feedback continuo, adaptándose a cambios y nuevos hallazgos durante el proceso. CRISP-DM ofrece una estructura muy clara dividida en fases, desde el entendimiento del negocio y los datos hasta la evaluación y despliegue, haciendo el proyecto más predecible y organizado. PMBOK, aunque más tradicional, aporta buenas prácticas para la gestión integral de proyectos, especialmente en planificación y control, que pueden integrarse con metodologías ágiles para una gestión híbrida.

Para facilitar la gestión, existen herramientas específicas que optimizan cada etapa. JIRA o Trello permiten un seguimiento detallado de tareas y asignación de responsabilidades, mientras Microsoft Project o Asana ofrecen capacidades para elaborar y supervisar cronogramas completos. Git es fundamental para mantener versiones del código y de los datos, asegurando trazabilidad y facilitando colaboraciones. Finalmente, herramientas de visualización como Tableau o Power BI son indispensables para comunicar los resultados de forma efectiva, ayudando a transformar datos complejos en *insights* claros y accesibles.

Los riesgos comunes en estos proyectos incluyen datos incompletos o inconsistentes, que pueden provocar análisis erróneos. Implementar procesos de limpieza rigurosos y establecer métricas de calidad ayuda a mitigar estos problemas. Otro riesgo es la falta de alineación con los objetivos del negocio, que puede llevar a esfuerzos inútiles o resultados poco aplicables; por ello, mantener una comunicación constante con los *stakeholders* es crucial. La sobrecarga de datos puede saturar recursos y dificultar el análisis, por lo que es recomendable priorizar variables clave y aplicar técnicas de reducción dimensional, como PCA o selección de características, para enfocarse en la información realmente relevante.

Finalmente, una planificación viable y un análisis optimizado permiten anticipar desafíos, gestionar recursos con eficacia y maximizar el valor que se obtiene de los datos estructurados. La correcta aplicación de metodologías, junto con el uso adecuado de herramientas y técnicas, impulsa la generación de *insights* que pueden transformar la estrategia empresarial y potenciar la toma de decisiones basadas en evidencias concretas, elevando así el nivel competitivo de cualquier organización.

Resumen

En el dinámico entorno empresarial actual, la planificación efectiva es crucial para alcanzar los objetivos estratégicos. No se trata solo de establecer metas, sino de construir planes viables, medibles y alineados con la realidad organizacional. Esta unidad destaca la necesidad de una planificación sólida y operativa que permita anticipar desafíos, asignar recursos de forma eficiente y responder con precisión a los cambios del mercado. Una planificación eficaz se apoya en el análisis riguroso de datos estructurados, transformando cifras y patrones en escenarios realistas y decisiones basadas en evidencia.

El perfeccionamiento del análisis de datos estructurados es una competencia clave. Los datos estructurados, que residen en bases organizadas como hojas de cálculo o bases de datos relacionales, son una fuente valiosa de información. Si se tratan correctamente, revelan *insights* relevantes sobre operaciones, clientes, finanzas y procesos internos. No es suficiente acumular datos; el verdadero valor reside en su extracción mediante análisis sistemático y contextual. Herramientas analíticas robustas como Excel avanzado, Power BI o SQL son fundamentales para organizar, transformar y visualizar tendencias, desviaciones y oportunidades.

Dentro de este perfeccionamiento, el Data Mining emerge como una disciplina fundamental. Su objetivo principal es extraer conocimiento útil y relevante a partir de grandes volúmenes de datos, especialmente los estructurados, descubriendo patrones, relaciones y tendencias ocultas que no son evidentes a simple vista. Este proceso se descompone en fases cruciales: selección y extracción de datos, preprocesamiento (limpieza y normalización), transformación para optimizar el análisis y, finalmente, la aplicación de algoritmos de *clustering*, clasificación, regresión o reglas de asociación.

La aplicación del Data Mining se lleva a cabo mediante diversos algoritmos especializados. Para la clasificación, se utilizan árboles de decisión, máquinas de soporte vectorial (SVM) y redes neuronales. En el *clustering*, algoritmos como *k-means* o DBSCAN son comunes para agrupar datos similares. Las reglas de asociación, implementadas por algoritmos como Apriori, son útiles para identificar patrones de co-ocurrencia. Herramientas como RapidMiner, Weka, KNIME o librerías de Python (scikit-learn, pandas) facilitan la implementación de estas técnicas, permitiendo personalizar y automatizar los procesos de minería.

La gestión de proyectos es indispensable cuando se aplica el análisis de datos estructurados. Demanda precisión y rigor en la administración de tiempos, recursos y calidad. Se inicia con una clara definición de objetivos, alcance y recursos, comprendiendo la calidad y accesibilidad de los datos. La planificación detalla el flujo de trabajo, asignando responsabilidades y herramientas para cada fase (extracción, limpieza, análisis, presentación). Durante la ejecución, se mantiene el control sobre la calidad de los datos, mientras que el seguimiento continuo asegura la alineación con los objetivos y la resolución de problemas técnicos.

Para una gestión efectiva, se recomiendan diversas metodologías y herramientas. Metodologías como *Agile Data Science*, CRISP-DM o PMBOK ofrecen estructuras para proyectos de análisis de datos, permitiendo adaptabilidad y eficiencia. Herramientas como JIRA o Trello facilitan el seguimiento de tareas, mientras Microsoft Project o Asana gestionan cronogramas. Git es fundamental para el control de versiones, y herramientas de visualización como Tableau o Power BI son esenciales para comunicar resultados complejos de forma clara y accionable, cerrando el ciclo del análisis con un impacto real en la estrategia.

En conclusión, la combinación de una planificación viable y un análisis perfeccionado de datos estructurados es esencial para el éxito de la Transformación Digital. Esto permite a las organizaciones anticipar desafíos, gestionar recursos eficientemente y maximizar el valor de la información, generando *insights* que impulsan la estrategia empresarial y potencian la toma de decisiones basada en evidencias concretas. La integración de Data Mining, una gestión de proyectos rigurosa y las herramientas adecuadas eleva el nivel competitivo de cualquier organización.

Glosario

Algoritmos de clasificación

Modelos utilizados en Data Mining para segmentar el espacio de datos o predecir categorías, como árboles de decisión (CART, C4.5), máquinas de soporte vectorial (SVM) y redes neuronales.

Algoritmos de clustering

Modelos empleados en Data Mining para agrupar datos similares, como k-means, DBSCAN o clustering jerárquico.

Análisis de datos estructurados

Competencia clave que implica la interpretación rigurosa de datos organizados (en bases de datos relacionales o hojas de cálculo) para detectar patrones, proyectar escenarios y extraer insights relevantes que fundamenten la toma de decisiones.

Cierre del proyecto (de datos)

Fase final donde se documenta todo el proceso, consolidando aprendizajes y lecciones para optimizar futuros análisis, y se presentan resultados con recomendaciones accionables.

Comunicación de resultados (en análisis de datos)

Fase vital para el éxito del proyecto, que implica presentar y traducir hallazgos complejos en insights comprensibles y visualmente atractivos para los responsables de la toma de decisiones, garantizando su uso efectivo.

Data Mining (Minería de Datos)

Disciplina fundamental en Big Data y Business Intelligence, centrada en extraer conocimiento útil y relevante a partir de grandes volúmenes de datos, descubriendo patrones, relaciones y tendencias ocultas.

Ejecución (de proyecto de datos)

Fase donde se lleva a cabo el trabajo real, desde la preparación de datos (depuración, transformación, normalización) hasta la aplicación de técnicas avanzadas de Data Mining o Machine Learning.

Enfoque data-driven

Estrategia organizacional que valida las decisiones y establece cronogramas, presupuestos y métricas basándose en evidencia concreta derivada del uso inteligente de los datos.

Gestión de proyectos (en análisis de datos)

Disciplina que demanda precisión y rigor en la administración de tiempos, recursos y calidad, fundamental para el éxito en cualquier iniciativa de análisis de datos estructurados.

Herramientas de minería de datos

Entornos gráficos o programáticos que facilitan la implementación de técnicas de Data Mining sin programar desde cero, como RapidMiner, Weka, KNIME o librerías de Python (scikit-learn, pandas).

Inicio del proyecto (de datos)

Primera fase de la gestión de proyectos que establece la base, definiendo con claridad los objetivos, el alcance y los recursos disponibles, así como la comprensión del entorno de datos.

Metodologías de gestión de proyectos (de datos)

Marcos estructurados que optimizan la gestión de proyectos de análisis de datos, como Agile Data Science (para iteraciones rápidas), CRISP-DM (estructura en fases) o PMBOK (buenas prácticas de gestión integral).

Planificación (de proyecto de datos)

Etapa de la gestión de proyectos que organiza el flujo de trabajo, detalla fases (extracción, limpieza, análisis, presentación), asigna tiempos y responsabilidades, y debe ser flexible para adaptarse a imprevistos.

Planificación efectiva/viable

Proceso fundamental en un entorno empresarial que implica construir planes medibles y alineados con la realidad de la organización, permitiendo anticipar desafíos, asignar recursos eficientemente y actuar con precisión ante los cambios del mercado.

Proceso de minería de datos

Conjunto de fases estructuradas (selección, preprocesamiento, transformación, minería propiamente dicha e interpretación/evaluación) diseñadas para garantizar la calidad y utilidad de los resultados obtenidos del Data Mining.

Reglas de asociación

Técnicas implementadas por algoritmos como Apriori o FP-growth, útiles para identificar patrones de co-ocurrencia y relaciones frecuentes entre variables, especialmente en bases de datos transaccionales.

Riesgos comunes (en proyectos de datos)

Desafíos habituales que pueden comprometer el éxito de un proyecto, como datos incompletos o inconsistentes, falta de alineación con los objetivos del negocio o sobrecarga de datos.

Seguimiento y control (de proyecto de datos)

Proceso continuo que asegura que el proyecto se mantenga alineado con los objetivos definidos, detectando desviaciones en tiempos, costos o calidad, y resolviendo problemas técnicos.

U. A. 2. Realización de una planificación viable, así como el perfeccionamiento del análisis de datos estructurados

Ejercicios de autoevaluación

1. **¿Cuál es el propósito principal de la minería de datos (Data Mining)?**

   a. Incrementar la cantidad de datos almacenados por una empresa.

   b. Validar la seguridad de las bases de datos.

   c. Descubrir patrones, tendencias y conocimiento útil en grandes volúmenes de datos.

   d. Diseñar la estructura de una base de datos desde cero.

2. **En la gestión de proyectos, ¿qué define el "alcance"?**

   a. El presupuesto total asignado al proyecto.

   b. El conjunto de trabajos y entregables que deben completarse.

   c. El equipo de personas que trabajará en el proyecto.

   d. La fecha límite para la finalización del proyecto.

3. **¿Qué técnica de Data Mining se utiliza para agrupar elementos similares en categorías sin un conocimiento previo de dichas categorías?**

   a. Regresión.

   b. Clasificación.

   c. Clustering (Agrupamiento).

   d. Asociación.

4. **Dentro de una planificación viable, ¿qué es un "hito" (milestone)?**

   a. Un punto de control o evento significativo en el cronograma del proyecto.

   b. Una tarea diaria de baja prioridad.

   c. El presupuesto detallado de una fase.

   d. Un riesgo potencial identificado en la fase inicial.

5. El análisis de datos estructurados se aplica comúnmente a:

   a. Conversaciones en redes sociales y correos electrónicos.

   b. Bases de datos relacionales y hojas de cálculo (ej. SQL, Excel).

   c. Archivos de audio y video.

   d. Documentos de texto en formato libre y artículos de noticias.

6. ¿Cuál de las siguientes es una fase fundamental en el proceso de Data Mining?

   a. Creación de hardware.

   b. Preparación y limpieza de los datos.

   c. Marketing digital del producto.

   d. Contratación de personal.

7. ¿Qué herramienta es fundamental en la gestión de proyectos para visualizar las tareas en una línea de tiempo?

   a. Un procesador de textos.

   b. Un DAFO.

   c. Un balance contable.

   d. Un diagrama de Gantt.

8. ¿Qué busca principalmente una regla de asociación en Data Mining?

   a. Predecir un valor numérico continuo.

   b. Clasificar un elemento en una categoría predefinida.

   c. Identificar relaciones de tipo "si ocurre A, entonces es probable que ocurra B".

   d. Agrupar a los clientes por su ubicación geográfica.

9. Una planificación de proyecto se considera "viable" cuando:

a. Es realista en cuanto a plazos, recursos y presupuesto.

b. Es extremadamente ambiciosa y sin margen de error.

c. No requiere la aprobación de los *stakeholders.*

d. Se completa en menos de una semana.

10. ¿Cuál es el objetivo de la fase de "Ejecución" en la gestión de un proyecto?

a. Definir los objetivos y el alcance del proyecto.

b. Realizar el trabajo planificado para producir los entregables.

c. Cerrar formalmente el proyecto y documentar las lecciones aprendidas.

d. Evaluar si el proyecto debe iniciarse.

U. A. 2. Realización de una planificación viable, así como el perfeccionamiento del análisis de datos estructurados

U. A. 3. Utilización de técnicas y recursos para el análisis de datos

Introducción

En la era digital, el análisis de datos se ha convertido en una competencia esencial para las organizaciones que buscan mantenerse competitivas, mejorar sus procesos y tomar decisiones fundamentadas. La utilización de técnicas y recursos adecuados para el análisis de datos no solo proporciona una ventaja estratégica, sino que también permite transformar información dispersa en conocimiento accionable. Esta unidad aborda la importancia de seleccionar y aplicar correctamente estas técnicas para maximizar el valor que los datos pueden ofrecer.

El análisis de datos es mucho más que interpretar cifras. Implica el uso de metodologías estructuradas, herramientas especializadas y procesos eficientes que permiten extraer información relevante, detectar patrones y responder con agilidad a los desafíos del mercado. Desde la recolección de datos hasta su visualización, cada paso requiere precisión y un enfoque claro para asegurar la fiabilidad de los resultados obtenidos.

A medida que el volumen de datos crece de forma exponencial, también lo hacen las posibilidades de análisis. Las técnicas estadísticas, el análisis descriptivo, el análisis predictivo y la minería de datos son algunos de los enfoques que permiten a las empresas obtener una visión profunda y anticipada del comportamiento de sus procesos, clientes y mercados. La correcta aplicación de estas metodologías marca la diferencia entre una empresa que simplemente almacena datos y otra que realmente los aprovecha para innovar.

Objetivos

- Comprender la relación directa entre la transformación digital y la evolución de las estrategias de Business Intelligence, analizando cómo los datos se convierten en el eje central de las organizaciones modernas.
- Identificar las principales técnicas de análisis de datos utilizadas en entornos empresariales, como el análisis descriptivo, predictivo y prescriptivo, evaluando sus aplicaciones prácticas y beneficios.
- Explorar las herramientas más relevantes para la gestión y análisis de datos, incluyendo plataformas de BI, software de visualización y soluciones de Big Data, valorando su impacto en la eficiencia operativa y la calidad de la información.
- Diferenciar los tipos de datos (estructurados y no estructurados) y sus respectivas fuentes, entendiendo la importancia de integrar información de diversas áreas y canales para obtener una visión global del negocio.
- Aplicar metodologías y buenas prácticas para la recolección, limpieza y transformación de datos, garantizando la fiabilidad, consistencia y utilidad de la información en los procesos de análisis.
- Analizar cómo las tecnologías emergentes (como la inteligencia artificial, *machine learning* y analítica avanzada) están revolucionando el análisis de datos, generando oportunidades estratégicas para la innovación y el crecimiento sostenible.
- Valorar la importancia de desarrollar competencias digitales y fomentar una cultura analítica en las organizaciones, donde las decisiones basadas en datos formen parte del día a día en todos los niveles jerárquicos.
- Interpretar casos prácticos de aplicación de técnicas y herramientas de análisis de datos, observando cómo las empresas utilizan estos recursos para mejorar procesos, optimizar recursos y ofrecer ventajas competitivas en diferentes sectores.

1. Transformación digital y Business Intelligence

El análisis de datos constituye una base esencial para la toma de decisiones estratégicas en las organizaciones modernas, ya que permite convertir grandes volúmenes de información en conocimiento accionable. En un entorno donde los datos crecen de forma exponencial y se diversifican en estructura, formato y procedencia, el simple almacenamiento ya no es suficiente: es necesario analizarlos, interpretarlos y extraer conclusiones que generen valor. Para ello, se recurre a una serie de técnicas especializadas que permiten abordar los datos desde diferentes ángulos y con distintos niveles de profundidad.

Una de las técnicas fundamentales es la minería de datos (*data mining*), centrada en la identificación automática de patrones, correlaciones, relaciones ocultas o anomalías dentro de conjuntos de datos estructurados. A través de algoritmos avanzados, esta técnica permite descubrir conocimiento que no es evidente a simple vista, lo que resulta muy útil en sectores como el marketing, la banca, la logística o la salud. Por ejemplo, mediante la minería de datos se pueden identificar comportamientos de compra, predecir la rotación de clientes o anticipar la demanda futura de productos. Esta técnica se apoya en modelos como árboles de decisión, reglas de asociación, *clustering* (agrupamiento) o redes neuronales, y requiere una preparación rigurosa de los datos para obtener resultados fiables.

Fig. 1. Analizar qué es lo que mejor funciona e implementar esas estrategias en otras líneas de negocio de la empresa

El análisis estadístico es otra técnica clave. Aporta rigor matemático y permite obtener información descriptiva y explicativa a partir de los datos. Se basa en el uso de indicadores como medias, medianas, desviaciones estándar, distribuciones de probabilidad o pruebas de hipótesis, y es particularmente útil para validar tendencias, contrastar hipótesis y establecer relaciones de causa-efecto. En contextos empresariales, el análisis estadístico se utiliza para evaluar el rendimiento financiero, analizar el comportamiento de los consumidores, identificar factores críticos de éxito o medir el impacto de campañas comerciales. Además, ofrece una base sólida para construir modelos predictivos y tomar decisiones fundamentadas en evidencias cuantitativas.

El aprendizaje automático (*machine learning*) representa una evolución significativa dentro del análisis de datos, ya que permite a los sistemas "aprender" de los datos y mejorar su rendimiento sin intervención humana directa. Esta técnica se basa en la construcción de algoritmos que pueden detectar patrones complejos y realizar predicciones sobre datos futuros. Existen dos grandes categorías: el aprendizaje supervisado (donde se entrena al modelo con datos etiquetados, como en la predicción de ventas o clasificación de clientes) y el aprendizaje no supervisado (donde el sistema identifica estructuras ocultas sin etiquetas previas, como en la segmentación de mercado).

También existe el aprendizaje por refuerzo, donde los algoritmos aprenden mediante ensayo y error. El *machine learning* se aplica con éxito en múltiples ámbitos: detección de fraudes, sistemas de recomendación, mantenimiento predictivo, análisis de sentimientos, automatización de procesos, entre otros.

Otra técnica imprescindible es la visualización de datos, cuyo objetivo es representar la información de forma gráfica para facilitar su comprensión. Una buena visualización permite detectar patrones, anomalías o tendencias que pueden pasar desapercibidas en un análisis puramente numérico. A través de gráficos, mapas, diagramas o *dashboards* interactivos, se traduce el lenguaje de los datos en una narrativa clara y accesible, incluso para perfiles no técnicos. La visualización no solo facilita el análisis interno, sino que también mejora la comunicación de resultados a la dirección o a otros departamentos. Herramientas como Tableau, Power BI, Looker o Google Data

Studio permiten crear representaciones dinámicas y personalizadas que ayudan a tomar decisiones de forma más rápida e informada.

Estas técnicas no son excluyentes entre sí, sino que se complementan. En muchos proyectos de análisis de datos se combinan varias de ellas en función del tipo de problema, los objetivos definidos y la calidad del conjunto de datos. Por ejemplo, un análisis puede comenzar con técnicas estadísticas para describir el comportamiento pasado, aplicar minería de datos para detectar patrones relevantes, usar machine learning para construir un modelo predictivo, y presentar los hallazgos en un dashboard visual para facilitar la toma de decisiones por parte de los directivos.

Fig. 2. Revisar en detalle las analíticas y dashboards es imprescindible

Para que estas técnicas sean verdaderamente efectivas, es fundamental contar con una infraestructura tecnológica adecuada, datos bien estructurados, herramientas analíticas potentes y un equipo multidisciplinar que combine conocimientos técnicos, analíticos y de negocio. También es imprescindible mantener una cultura organizacional orientada a los datos, donde las decisiones se basen en evidencias y no únicamente en la intuición o la experiencia subjetiva.

La minería de datos permite descubrir patrones ocultos y relaciones relevantes en conjuntos masivos de datos, tanto estructurados como no estructurados. Se utilizan algoritmos que pueden detectar tendencias, anomalías o *clusters*, facilitando así la segmentación de clientes o la identificación de riesgos. Herramientas como

RapidMiner, **KNIME** o incluso bibliotecas de Python como Scikit-learn son ampliamente utilizadas para estos fines.

El análisis estadístico es otra técnica clave que implica el uso de modelos matemáticos para resumir y entender la información. Se aplican medidas de tendencia central, dispersión, correlación y regresión para detectar comportamientos y prever resultados. Este enfoque es muy útil en escenarios donde la precisión y la comprensión profunda de la variabilidad de los datos son prioritarias.

Fig. 3. El aprendizaje automático, dentro del ámbito del análisis de datos, permite construir modelos predictivos que mejoran con la experiencia

Algoritmos como redes neuronales, árboles de decisión o máquinas de vectores de soporte pueden entrenarse con datos históricos para predecir comportamientos futuros, optimizando procesos como la detección de fraudes, recomendaciones personalizadas o mantenimiento predictivo.

La visualización de datos es un recurso fundamental para comunicar hallazgos de forma clara y efectiva. A través de gráficos, dashboards interactivos y mapas de calor, se facilita la interpretación rápida de resultados complejos, ayudando a distintos perfiles dentro de una empresa a comprender el impacto de las decisiones basadas en datos. Herramientas como Tableau, Power BI o Google Data Studio permiten crear visualizaciones dinámicas y adaptadas a las necesidades del usuario.

 Cita

"La transformación digital requiere un cambio en el pensamiento más que un cambio en la tecnología." - Grzegorz Piechota. Esta idea es central en la unidad: la implementación de herramientas de BI debe ir acompañada de una evolución cultural que abrace la toma de decisiones basada en la evidencia.

Además, es importante considerar el tratamiento previo de los datos, que incluye la limpieza, transformación y normalización, para asegurar que los análisis se realicen sobre información confiable y coherente. Este paso es crítico, ya que la calidad del dato afecta directamente a la validez de los resultados obtenidos y, por ende, a la efectividad de las decisiones tomadas.

En la práctica, la combinación de estas técnicas y recursos crea un ecosistema robusto para el análisis de datos. La integración de plataformas de Big Data, almacenamiento en la nube y tecnologías de procesamiento en tiempo real permite gestionar tanto datos históricos como datos en *streaming*, ampliando las capacidades analíticas y mejorando la capacidad de respuesta ante cambios del mercado o del entorno operativo.

Fig. 4. El BigData permita analizar grandes volúmenes de datos, pero es fundamental convertir todo en gráficas visuales que se puedan entender

El análisis de datos no es solo una cuestión técnica, sino también estratégica. Se deben alinear los objetivos del análisis con las metas de negocio, involucrando a equipos multidisciplinares y fomentando una cultura basada en datos. Así, las organizaciones pueden transformar la información en ventaja competitiva, anticipar escenarios futuros y diseñar procesos optimizados, sostenibles y adaptados a las exigencias del mercado actual.

La transformación digital se ha convertido en un factor clave para la competitividad y la supervivencia de las empresas en un entorno cada vez más dinámico, globalizado y tecnológico. Este fenómeno no se limita únicamente a incorporar nuevas tecnologías, sino que supone una reestructuración profunda en la forma en que las organizaciones operan, toman decisiones y se relacionan con sus clientes y empleados. Transformarse digitalmente implica una evolución en los modelos de negocio tradicionales, una automatización inteligente de los procesos internos y una renovación de la cultura organizacional orientada a la innovación, la agilidad y la orientación al dato.

 **Saber más**

Uno de los pilares más significativos de la transformación digital es la digitalización de los datos. Gracias a tecnologías como el Internet de las Cosas (IoT), los sistemas ERP (Enterprise Resource Planning), los CRM (Customer Relationship Management), los sensores industriales, las redes sociales y los canales digitales de atención al cliente, las organizaciones generan y recopilan volúmenes masivos de datos en tiempo real. Esta disponibilidad de información permite una gestión basada en evidencias, es decir, decisiones fundamentadas en hechos objetivos y no únicamente en la intuición o la experiencia subjetiva. Además, la capacidad de almacenar y procesar esta información de forma eficiente ha sido potenciada por plataformas de computación en la nube, sistemas distribuidos, y arquitecturas de datos modernas como los data lakes o los data warehouses.

La Transformación Digital es el proceso de integrar la tecnología digital en todas las áreas de una empresa, cambiando fundamentalmente la forma en que opera y entrega valor a sus clientes. El Business Intelligence es el cerebro de esta transformación, ya que proporciona los *insights* necesarios para tomar decisiones informadas en cada paso del camino, desde la redefinición de la experiencia del cliente hasta la optimización de la cadena de suministro.

En este contexto, el Business Intelligence (BI) emerge como una disciplina fundamental que convierte el potencial de los datos en un motor de crecimiento y mejora continua. BI no solo trata de visualizar datos en gráficos o informes; va mucho más allá. Es un enfoque estratégico que integra procesos, tecnologías, metodologías y herramientas para recopilar, depurar, transformar, analizar y visualizar datos con el objetivo de convertirlos en información útil y comprensible. Esta información permite comprender el estado actual de la organización, evaluar el rendimiento de las operaciones, identificar puntos críticos y áreas de mejora, y anticiparse a futuras tendencias o riesgos.

Una de las grandes fortalezas del BI dentro de la transformación digital es su capacidad para ofrecer una visión integral del negocio. Al consolidar datos procedentes de diferentes áreas —finanzas, marketing, ventas, producción, recursos humanos, atención al cliente, etc.—, el BI permite romper los silos de información que dificultaban la visión global y la coordinación estratégica entre departamentos. Esta integración de datos es fundamental para desarrollar indicadores clave de desempeño (KPIs), medir objetivos, establecer comparativas históricas, y detectar desviaciones o anomalías en tiempo real.

Otro aspecto crucial es que el BI favorece la democratización del acceso a la información. Gracias a plataformas de autoservicio y herramientas visuales como Power BI, Tableau, Qlik Sense o Google Data Studio, los usuarios de negocio —sin necesidad de conocimientos técnicos

avanzados— pueden acceder, explorar y analizar los datos relevantes para su trabajo. Esto genera una cultura

Fig. 5. El análisis de los KPI e indicadores en equipo es una pieza clave

organizacional más proactiva, donde cada área puede tomar decisiones más rápidas y fundamentadas, fomentando así la autonomía, la colaboración y la innovación.

Además, el BI actúa como base para otras disciplinas más avanzadas dentro del ecosistema digital, como el *machine learning*, la analítica predictiva, la inteligencia artificial o la automatización inteligente de procesos (RPA). Por ejemplo, los modelos predictivos que anticipan comportamientos de clientes o fallos en la producción se nutren de los datos estructurados y organizados previamente mediante sistemas de BI. De esta forma, el BI se convierte no solo en una herramienta operativa, sino en una plataforma estratégica que impulsa el crecimiento, la eficiencia y la adaptabilidad de la organización.

Importante

Es importante destacar que la adopción de BI no se trata únicamente de incorporar herramientas tecnológicas. Para que este enfoque sea realmente transformador, debe ir acompañado de un cambio cultural profundo. Esto incluye capacitar al personal en competencias digitales, fomentar la alfabetización en datos (data literacy), redefinir roles y responsabilidades dentro de la organización, y promover una mentalidad basada en la mejora continua y la innovación. Sin esta evolución en la cultura empresarial, los beneficios del BI y de la transformación digital en general se verán limitados.

El corazón de cualquier sistema de BI es el proceso ETL (Extracción, Transformación y Carga), que permite integrar datos provenientes de distintas fuentes —como bases de datos internas, sistemas CRM, ERP, o incluso fuentes externas— para limpiarlos y estructurarlos en un Data Warehouse. Este repositorio centralizado garantiza que los datos estén organizados y optimizados para análisis rápidos y complejos, lo que es vital para ofrecer *insights* precisos y confiables.

Las herramientas de visualización son otro pilar en BI. Plataformas como Power BI, Tableau o QlikSense facilitan la creación de *dashboards* interactivos y reportes visuales, que permiten a los usuarios detectar patrones, tendencias y anomalías sin necesidad de profundos conocimientos técnicos. Estos paneles resumen los KPIs relevantes para cada área y nivel organizacional, facilitando la comunicación y el seguimiento de objetivos.

Para profundizar en el análisis, el BI recurre a diversas técnicas. El análisis descriptivo ofrece una visión clara de qué ha sucedido, mientras que el diagnóstico se centra en entender el porqué de ciertos resultados. Más allá, el análisis predictivo utiliza modelos estadísticos y *machine learning* para anticipar comportamientos futuros, y el análisis prescriptivo recomienda acciones concretas para optimizar resultados, cerrando el ciclo de mejora continua basado en datos.

Las tecnologías que soportan esta transformación son variadas y en constante evolución. Las plataformas en la nube como AWS, Azure o Google Cloud aportan escalabilidad y flexibilidad para gestionar grandes volúmenes de datos sin necesidad de infraestructura propia. Paralelamente, las bases de datos Big Data, como Hadoop o Spark, permiten manejar datos no estructurados que no encajan en esquemas tradicionales, ampliando las posibilidades de análisis.

Fig. 6. Hyundai incorpora robots que son capaces de mejorar la productividad

Incorporar automatización mediante tecnologías como RPA (Automatización Robótica de Procesos) o mediante la creación de pipelines de datos representa un avance significativo en la forma en que las organizaciones gestionan y procesan su información. RPA permite automatizar tareas repetitivas, manuales y de alto volumen —como la entrada de datos, la extracción de información de sistemas antiguos o la actualización de informes—, reduciendo el margen de error humano y liberando tiempo para actividades de mayor valor añadido. Estos bots pueden interactuar con diferentes aplicaciones de manera similar a como lo haría un usuario humano, pero de forma más rápida, precisa y constante.

Por su parte, los pipelines de datos consisten en flujos automatizados que permiten trasladar, transformar y cargar datos desde diversas fuentes hacia destinos específicos, como almacenes de datos o sistemas de análisis. Al automatizar estas etapas, se garantiza que los datos lleguen a los usuarios de negocio de forma oportuna, limpia y coherente. Además, estos pipelines pueden ser diseñados con validaciones y controles integrados que aseguren la calidad de los datos en cada etapa del proceso, detectando errores o inconsistencias antes de que lleguen al entorno analítico. Herramientas como Apache Airflow, Azure Data Factory o Talend permiten construir y monitorizar estos flujos de trabajo de forma escalable.

A este conjunto de automatizaciones se suma el poder de la inteligencia artificial (IA) y el *machine learning* (ML), que permiten no solo analizar datos de forma más sofisticada, sino también aprender de ellos. Gracias a estas tecnologías, es posible construir modelos predictivos que anticipen comportamientos futuros, segmentar clientes de forma más precisa, detectar anomalías operativas, predecir demandas de productos, recomendar acciones óptimas y descubrir relaciones entre variables que serían imposibles de detectar mediante el análisis manual. Lo más destacable es que estos modelos pueden mejorar continuamente con el tiempo, alimentándose de nuevos datos y ajustándose a los cambios del entorno sin necesidad de intervención constante por parte de los analistas.

Ejemplo

Una empresa de fabricación de componentes industriales instala sensores de IoT (Internet de las Cosas) en sus máquinas. Los datos de los sensores (temperatura, vibración, etc.) se envían a una plataforma de BI. Mediante el análisis predictivo, la empresa ya no solo vende componentes; ahora ofrece un servicio de "mantenimiento predictivo", avisando a sus clientes antes de que una pieza falle. Ha transformado su modelo de negocio de vender un producto a vender un servicio de alto valor (*uptime* o tiempo de actividad).

La combinación de automatización, inteligencia artificial y análisis avanzado no solo incrementa la velocidad de procesamiento, sino que también eleva la calidad y profundidad del conocimiento generado. Se pasa de un modelo de análisis estático y reactivo, a un enfoque proactivo, dinámico y escalable, donde las decisiones no solo se basan en lo que ya ha ocurrido, sino en lo que puede ocurrir y en cómo actuar antes de que suceda. Esta capacidad predictiva y prescriptiva se convierte en una ventaja competitiva para las organizaciones que saben integrarla adecuadamente.

Los beneficios de integrar la transformación digital con sistemas de Business Intelligence son múltiples y tangibles. En primer lugar, se logra una mayor agilidad en la toma de decisiones, ya que los datos actualizados en tiempo real permiten responder de forma inmediata a los cambios del mercado, a comportamientos del cliente o a incidencias internas. Esta agilidad es fundamental en sectores como el retail, la logística, las finanzas o la salud, donde las decisiones deben tomarse en cuestión de minutos u horas, no días.

En segundo lugar, se incrementa la eficiencia operativa al detectar y eliminar cuellos de botella, procesos redundantes o tareas manuales innecesarias. A través del análisis continuo del desempeño operativo, las organizaciones pueden identificar áreas de mejora, optimizar recursos y reducir costes sin sacrificar la calidad del servicio.

Otro beneficio crucial es la personalización de la experiencia del cliente. Mediante el análisis de comportamiento en tiempo real —por ejemplo, en plataformas digitales o puntos de venta—, las empresas pueden adaptar ofertas, mensajes y servicios de manera individualizada, aumentando así la satisfacción, la fidelización y la conversión. Este enfoque centrado en el cliente requiere no solo capacidad analítica, sino también integración tecnológica entre los sistemas de BI, CRM y canales de interacción.

Además, la integración de BI e IA permite una reducción significativa del riesgo, ya que los modelos predictivos ayudan a anticipar eventos adversos como impagos, fraudes, caídas de demanda o fallos en la cadena de suministro. La capacidad de anticipación es clave para mitigar impactos negativos, proteger los activos de la empresa y tomar decisiones con mayor confianza y seguridad.

Por último, esta combinación impulsa la innovación basada en datos. Al explorar grandes volúmenes de información desde distintos ángulos, se generan nuevas ideas, se detectan oportunidades de negocio y se descubren nichos de mercado no explotados. Las organizaciones que saben extraer valor de sus datos no solo optimizan lo que ya hacen, sino que también reinventan sus productos, servicios y modelos de negocio.

No obstante, es importante subrayar que implementar este tipo de soluciones no está exento de desafíos. Uno de los principales es garantizar la calidad y la seguridad de los datos, ya que un sistema de BI solo será tan bueno como los datos que lo alimentan. Para ello, se deben establecer políticas de gobernanza, controles de acceso, auditorías de calidad y mecanismos de protección que aseguren que la información es fiable, actualizada y utilizada de forma ética y segura.

Otro reto importante es fomentar una cultura organizacional orientada a los datos. Esto implica capacitar a los empleados en el uso de herramientas analíticas, promover la colaboración entre perfiles técnicos y de negocio, y superar resistencias internas al cambio. Una transformación digital exitosa no solo requiere inversión en tecnología, sino también en formación, liderazgo y gestión del cambio.

U. A. 3. Utilización de técnicas y recursos para el análisis de datos

Resumen

En la era digital actual, el análisis de datos se ha convertido en una competencia fundamental para las organizaciones que buscan mantener su competitividad, optimizar sus procesos y fundamentar sus decisiones. La correcta aplicación de diversas técnicas y el uso eficiente de recursos son cruciales para transformar la información dispersa en conocimiento accionable y obtener una ventaja estratégica. Esta unidad subraya la importancia de seleccionar y aplicar con precisión estas herramientas para maximizar el valor que los datos pueden ofrecer a cualquier empresa.

El proceso de análisis de datos es mucho más que la mera interpretación de cifras. Implica la implementación de metodologías estructuradas, el uso de herramientas especializadas y la ejecución de procesos eficientes que permiten extraer información relevante, identificar patrones y responder con agilidad a los desafíos del mercado. Desde la recolección inicial de datos hasta su visualización final, cada paso requiere un enfoque meticuloso y claro para garantizar la fiabilidad de los resultados obtenidos y la validez de las decisiones basadas en ellos.

A medida que el volumen de datos crece exponencialmente, también lo hacen las posibilidades de análisis. Técnicas como la minería de datos, el análisis estadístico, el aprendizaje automático (Machine Learning) y la visualización de datos son enfoques que permiten a las empresas obtener una visión profunda y anticipada del comportamiento de sus procesos, clientes y mercados. La aplicación precisa de estas metodologías es lo que distingue a las organizaciones que simplemente almacenan datos de aquellas que realmente los aprovechan para innovar y mejorar continuamente.

La minería de datos se destaca por su capacidad para descubrir patrones ocultos y relaciones significativas en conjuntos masivos de datos, tanto estructurados como no estructurados. Utiliza algoritmos para detectar tendencias, anomalías o agrupaciones (*clusters*), facilitando la segmentación de clientes o la identificación de riesgos. El análisis estadístico emplea modelos matemáticos para resumir y comprender la información, detectando comportamientos y previendo resultados. Por su parte, el aprendizaje automático permite construir modelos predictivos que mejoran con la experiencia, optimizando procesos como la detección de fraudes o las recomendaciones personalizadas.

En este contexto, la Transformación Digital se erige como un motor clave para la competitividad empresarial, implicando no solo la adopción de nuevas tecnologías, sino una redefinición completa de los modelos de negocio y la cultura organizacional. El Business Intelligence (BI) emerge como una disciplina esencial que, mediante procesos, tecnologías y herramientas, convierte los datos brutos en información estructurada y útil para la toma de decisiones estratégicas. BI ayuda a las empresas a evaluar su desempeño histórico y actual, identificar áreas de mejora y anticipar escenarios futuros.

El corazón de un sistema BI efectivo es el proceso ETL (Extracción, Transformación y Carga), que integra y limpia datos de diversas fuentes, consolidándolos en un Data Warehouse optimizado para análisis rápidos y complejos. Las herramientas de visualización, como Power BI o Tableau, son pilares fundamentales, permitiendo la creación de *dashboards* interactivos y reportes visuales que facilitan la detección de patrones y tendencias. Además, BI recurre a técnicas como el análisis descriptivo (qué ha sucedido), diagnóstico (por qué ha sucedido), predictivo (qué sucederá) y prescriptivo (qué hacer), cerrando así el ciclo de mejora continua basada en datos.

La integración de la transformación digital con el Business Intelligence genera beneficios tangibles: mayor agilidad en la toma de decisiones, eficiencia operativa al identificar cuellos de botella, personalización de experiencias para el cliente, reducción de riesgos y un impulso constante a la innovación. Sin embargo, su implementación requiere superar desafíos como garantizar la calidad y seguridad de los datos, fomentar una cultura organizacional orientada al dato y seleccionar tecnologías escalables. Al dominar estas técnicas y recursos, las organizaciones pueden transformar la información en una ventaja competitiva sostenible, anticipar escenarios y diseñar procesos optimizados para las exigencias del mercado actual.

Glosario

Análisis de datos

Competencia esencial que implica el uso de metodologías, herramientas y procesos eficientes para extraer información relevante, detectar patrones y responder con agilidad a los desafíos del mercado, transformando información dispersa en conocimiento accionable.

Análisis descriptivo

Técnica de BI que ofrece una visión clara de "qué ha sucedido" en el negocio, basándose en datos históricos.

Análisis diagnóstico

Técnica de BI que se centra en entender "el porqué" de ciertos resultados, profundizando en las causas subyacentes.

Análisis estadístico

Técnica clave que implica el uso de modelos matemáticos para resumir y entender la información, aplicando medidas de tendencia central, dispersión, correlación y regresión para detectar comportamientos y prever resultados.

Análisis predictivo

Técnica de BI que utiliza modelos estadísticos y *machine learning* para anticipar "qué sucederá" en el futuro, optimizando la capacidad predictiva.

Análisis prescriptivo

Técnica de BI que recomienda "acciones concretas" para optimizar resultados, cerrando el ciclo de mejora continua basada en datos.

Aprendizaje automático (Machine Learning)

Técnica dentro del análisis de datos que permite construir modelos predictivos que mejoran con la experiencia, entrenándose con datos históricos para predecir comportamientos futuros y optimizar procesos.

Automatización (RPA o pipelines de datos)

Incorporación de sistemas para mejorar la eficiencia del procesamiento y garantizar la calidad de la información que llega a los usuarios en entornos de BI y transformación digital.

Bases de datos Big Data

Tecnologías como Hadoop o Spark que permiten manejar datos no estructurados que no encajan en esquemas tradicionales, ampliando las posibilidades de análisis.

Business Intelligence (BI)

Disciplina esencial que traduce los datos en conocimiento útil, combinando procesos, tecnologías y herramientas para transformar datos brutos en información estructurada capaz de guiar decisiones estratégicas.

Data Warehouse

Repositorio centralizado donde los datos, procesados mediante ETL, se organizan y optimizan para análisis rápidos y complejos, vital para ofrecer *insights* precisos y confiables en BI.

Herramientas de visualización (BI)

Plataformas como Power BI, Tableau o QlikSense que facilitan la creación de dashboards interactivos y reportes visuales, permitiendo a los usuarios detectar patrones, tendencias y anomalías sin necesidad de profundos conocimientos técnicos.

Inteligencia artificial (IA) y Machine Learning (ML)

Tecnologías que permiten descubrir patrones complejos, mejorar continuamente los modelos analíticos y proporcionar *insights* más precisos y accionables en el análisis de datos y la transformación digital.

Minería de datos

Técnica que permite descubrir patrones ocultos y relaciones significativas en conjuntos masivos de datos (estructurados y no estructurados), utilizando algoritmos para detectar tendencias, anomalías o agrupaciones, facilitando la segmentación o identificación de riesgos.

Plataformas en la nube

Tecnologías como AWS, Azure o Google Cloud que aportan escalabilidad y flexibilidad para gestionar grandes volúmenes de datos sin necesidad de infraestructura propia.

Proceso ETL (Extracción, Transformación y Carga)

Corazón de cualquier sistema BI, que permite integrar datos de distintas fuentes, limpiarlos y estructurarlos en un Data Warehouse, optimizándolos para análisis rápidos y complejos.

Transformación digital

Factor clave para la competitividad y supervivencia empresarial que implica la adopción de tecnologías digitales y una redefinición completa de modelos de negocio, procesos internos y cultura organizacional.

Tratamiento previo de los datos

Proceso crítico que incluye la limpieza, transformación y normalización de los datos, asegurando que los análisis se realicen sobre información confiable y coherente para garantizar la validez de los resultados.

Visualización de datos

Recurso fundamental para comunicar hallazgos de forma clara y efectiva, utilizando gráficos, *dashboards* interactivos y mapas de calor para facilitar la interpretación rápida de resultados complejos.

U. A. 3. Utilización de técnicas y recursos para el análisis de datos

Ejercicios de autoevaluación

1. ¿Cuál es el objetivo principal de la Transformación Digital en una empresa?

a. Comprar los ordenadores más modernos del mercado.

b. Integrar tecnología digital en todas las áreas del negocio para cambiar fundamentalmente cómo opera y entrega valor.

c. Crear perfiles en todas las redes sociales existentes.

d. Reducir el número de empleados mediante la automatización.

2. ¿Qué papel juega el Business Intelligence (BI) en la transformación digital?

a. Se encarga únicamente del diseño de la página web.

b. Su única función es almacenar grandes cantidades de datos.

c. Proporciona las herramientas y metodologías para analizar datos y tomar decisiones estratégicas que impulsen la transformación.

d. Gestiona el marketing por correo electrónico de la compañía.

3. ¿Qué técnica de análisis de datos se centra en responder a la pregunta "¿Qué ha pasado?"?

a. Análisis descriptivo.

b. Análisis predictivo.

c. Análisis prescriptivo.

d. Análisis diagnóstico.

4. ¿Cuál de los siguientes es un recurso fundamental para implementar una estrategia de Business Intelligence?

a. Un manual de identidad corporativa.

b. Mobiliario de oficina ergonómico.

c. Una plataforma de BI como Power BI, Tableau o Qlik.

d. Un sistema de control de presencia.

5. Dentro del análisis de datos, ¿qué permite la técnica de Drill-Down?

a. Predecir las ventas del próximo año.

b. Explorar los datos desde un nivel de resumen general a un nivel más detallado.

c. Combinar dos fuentes de datos sin relación aparente.

d. Eliminar los datos que se consideran erróneos o incompletos.

6. ¿Por qué los datos son considerados el "combustible" de la transformación digital?

a. Porque su almacenamiento tiene un coste elevado.

b. Porque permiten entender al cliente, optimizar procesos y crear nuevos modelos de negocio.

c. Porque son necesarios para cumplir con la ley de protección de datos.

d. Porque se pueden vender a otras empresas.

7. ¿Qué es un *dashboard* o panel de control en el contexto de BI?

a. Un documento de texto con una lista de tareas pendientes.

b. Una herramienta de visualización que muestra, de forma resumida y gráfica, los KPIs y métricas más importantes.

c. El código fuente de una aplicación de software.

d. Una factura detallada de los servicios de un proveedor.

8. El análisis predictivo es una técnica que busca responder a la pregunta:

a. ¿Por qué aumentaron las ventas el mes pasado?

b. ¿Cuántos productos se vendieron ayer?

c. ¿Qué probabilidad hay de que un cliente abandone nuestro servicio el próximo mes?

d. ¿Cuál fue nuestro producto más rentable del año?

9. ¿Qué es el ETL (Extract, Transform, Load)?

a. Un tipo de gráfico para visualizar tendencias.

b. Un modelo de inteligencia artificial para predecir el comportamiento del cliente.

c. Un proceso para extraer datos de diversas fuentes, transformarlos para su correcta adecuación y cargarlos en un almacén de datos (Data Warehouse).

d. Una metodología de gestión de proyectos ágil.

10. ¿Cuál de estos es un ejemplo de Transformación Digital aplicada a la experiencia del cliente?

a. Poner un nuevo cartel en la entrada de la tienda física.

b. Contratar a más personal para el departamento de contabilidad.

c. Implementar un chatbot en la web para ofrecer soporte 24/7.

d. Cambiar el color de las paredes de la oficina.

U. A. 3. Utilización de técnicas y recursos para el análisis de datos

U. A. 4. Liderazgo y gestión de proyectos de dato

Introducción

En la era digital, los datos han adquirido un protagonismo indiscutible como uno de los activos más valiosos para cualquier organización. Sin embargo, la correcta gestión de estos datos no solo depende de las tecnologías implementadas, sino, sobre todo, del liderazgo y la capacidad de dirigir proyectos orientados a maximizar su valor. En este contexto, el liderazgo en proyectos de dato se convierte en un factor determinante para garantizar que la información se convierta en un verdadero motor de crecimiento, eficiencia y diferenciación competitiva.

Objetivos

- Comprender el papel clave del liderazgo en los proyectos de datos, identificando las habilidades necesarias para dirigir equipos multidisciplinares y fomentar una cultura orientada al dato.
- Analizar las fases fundamentales en la gestión de proyectos de datos, desde la planificación inicial hasta la implementación, el seguimiento y la entrega de resultados, asegurando el cumplimiento de los objetivos planteados.
- Explorar metodologías ágiles y tradicionales aplicadas a proyectos de datos, valorando sus ventajas, limitaciones y el contexto adecuado para su uso en entornos dinámicos y complejos.
- Identificar los principales desafíos y riesgos asociados a la gestión de proyectos de datos, como la calidad de la información, la integración de sistemas, la gestión del cambio y la resistencia organizacional.
- Evaluar las competencias y roles dentro de un equipo de proyecto de datos, reconociendo la importancia de perfiles técnicos, analíticos y de negocio para alcanzar el éxito en la ejecución.
- Desarrollar habilidades de comunicación efectiva y gestión de *stakeholders*, facilitando la colaboración entre las áreas técnicas y estratégicas, y asegurando el compromiso de los patrocinadores y usuarios finales.
- Comprender la importancia de alinear los proyectos de datos con los objetivos estratégicos de la organización, asegurando que las soluciones implementadas generen impacto real y contribuyan a la toma de decisiones basada en datos.
- Valorar la necesidad de establecer métricas claras para medir el éxito de los proyectos de datos, fomentando la mejora continua, la escalabilidad y la sostenibilidad de las soluciones propuestas.

1. Liderazgo y gestión de proyectos de dato

El liderazgo en la gestión de proyectos de dato requiere una combinación de visión estratégica, habilidades técnicas y capacidad de gestión de equipos multidisciplinares. No se trata únicamente de saber manejar herramientas de análisis o plataformas de Business Intelligence, sino de entender cómo alinear las iniciativas de datos con los objetivos de negocio, asegurando que cada acción esté orientada a generar impacto real. Un líder de datos debe ser capaz de impulsar la transformación digital y crear una cultura organizacional donde el dato sea un activo compartido y valorado por todos.

Los proyectos de dato suelen enfrentarse a desafíos complejos, como la calidad de la información, la integración de múltiples fuentes y la resistencia al cambio por parte de los equipos. Aquí es donde el liderazgo efectivo marca la diferencia, proporcionando dirección, resolviendo conflictos, gestionando recursos y promoviendo la adopción de tecnologías innovadoras. El éxito en la gestión de proyectos de dato no solo se mide por la entrega técnica, sino por la capacidad de obtener resultados tangibles que optimicen procesos, mejoren la experiencia del cliente y generen ventajas competitivas sostenibles.

Además, el liderazgo en este ámbito implica gestionar eficazmente los riesgos inherentes a los proyectos de dato, tales como la seguridad, la privacidad y la obsolescencia tecnológica. Un enfoque proactivo en la gestión del cambio y la comunicación constante con los *stakeholders* clave son esenciales para garantizar que los proyectos se mantengan alineados con las expectativas y evolucionen conforme a las dinámicas del mercado y las regulaciones vigentes.

Fig. 1. Los datos son importantes, pero los responsables de cada departamento y la comunicación fluida hacen todo más efectivo

 Anotación

El liderazgo en proyectos de datos es una disciplina híbrida. Un buen líder de datos no solo necesita comprender la tecnología, sino que debe ser un excelente comunicador capaz de actuar como puente entre el mundo técnico y los objetivos estratégicos del negocio. Su función principal es traducir las necesidades de la empresa en problemas analíticos viables y, a la inversa, comunicar los resultados y limitaciones de los modelos de datos en un lenguaje que los directivos puedan entender y utilizar.

El liderazgo y la gestión de proyectos de datos son pilares fundamentales para el éxito en entornos donde el Big Data y el Business Intelligence (BI) juegan un papel estratégico. En estos contextos, no basta con aplicar metodologías de gestión tradicionales. Es imprescindible adoptar una visión más integral, en la que el dato sea considerado un activo estratégico y no un mero subproducto del sistema operativo o administrativo. Liderar proyectos de datos requiere una combinación de competencias técnicas, habilidades organizativas y, sobre todo, una mentalidad orientada al valor que esos datos pueden generar para la organización.

Liderar un proyecto de datos no se limita a la gestión de tareas o coordinación de equipos. Significa, ante todo, establecer una visión clara y compartida sobre cómo se utilizarán los datos para impulsar el crecimiento, mejorar la eficiencia o crear ventajas competitivas. Este enfoque estratégico debe estar alineado tanto con los objetivos del área de TI como con los intereses del negocio. En este sentido, el líder del proyecto debe actuar como puente entre el lenguaje técnico y el lenguaje del negocio, garantizando que los analistas, ingenieros, científicos de datos y *stakeholders* trabajen bajo una misma hoja de ruta.

Fig. 2. La comunicación los stakeholders debe de fluir para que la empresa crezca

Una de las principales responsabilidades del líder de proyectos de datos es definir el alcance del proyecto de forma realista y orientada a resultados. Esto implica determinar con claridad qué preguntas se quieren responder con los datos, qué decisiones se busca mejorar y qué indicadores servirán para medir el éxito del proyecto. No se trata únicamente de recolectar y procesar información, sino de generar conocimiento accionable, útil y alineado con los retos estratégicos de la organización.

Además, el líder debe asegurar la disponibilidad, calidad, integridad y seguridad de los datos a lo largo del ciclo de vida del proyecto. Para ello, debe trabajar estrechamente con los responsables de datos (Data Stewards, Data Engineers, etc.) en la implementación de políticas de gobernanza de datos, buenas prácticas de documentación, trazabilidad y control de versiones. Una correcta gestión de los datos no solo mejora los resultados analíticos, sino que evita errores, duplicidades y decisiones basadas en información defectuosa.

Otro aspecto crítico en la gestión de proyectos de datos es la composición y liderazgo de equipos multidisciplinares. Estos equipos suelen estar formados por perfiles *diversos —científicos de datos, analistas, ingenieros de datos, diseñadores de dashboards*, expertos en ciberseguridad y responsables de negocio—, lo que requiere un estilo de liderazgo colaborativo y orientado a objetivos comunes. El líder debe fomentar la comunicación efectiva, promover la transparencia en los avances y dificultades, y facilitar espacios de aprendizaje continuo. En este tipo de proyectos, la motivación no solo depende de los resultados, sino también de la capacidad de experimentar, innovar y compartir conocimiento.

La elección de una metodología de trabajo adecuada también es esencial. En proyectos de análisis de datos, las metodologías ágiles (como Scrum o Kanban) son especialmente útiles porque permiten entregar valor de forma incremental, validar hipótesis de manera continua y adaptarse rápidamente a cambios en los requerimientos. Estas metodologías favorecen la interacción constante con los usuarios finales, lo cual es vital para garantizar que las soluciones generadas realmente respondan a necesidades concretas.

Por otro lado, el liderazgo en proyectos de datos requiere una visión ética del uso de la información. El líder debe velar por el cumplimiento de normativas como el RGPD (Reglamento General de Protección de Datos), garantizar la transparencia de los modelos utilizados (evitando los "algoritmos caja negra") y promover el uso responsable de la inteligencia artificial. En este sentido, la confianza de los usuarios y la reputación de la organización dependen en gran parte de cómo se tratan los datos.

Primero, el liderazgo en proyectos de datos requiere una combinación sólida y equilibrada de habilidades técnicas y competencias de gestión estratégica y humana. Esta dualidad es esencial porque los proyectos de análisis de datos no solo se construyen sobre algoritmos, plataformas y herramientas, sino también sobre las personas que los diseñan, interpretan y aplican para lograr objetivos de negocio concretos.

Desde el punto de vista técnico, el líder debe tener un conocimiento práctico de los procesos de extracción, transformación y carga de datos (ETL). Esto implica entender cómo se capturan datos desde múltiples fuentes —como bases de datos relacionales, APIs, sistemas ERP, archivos planos o sensores IoT—, cómo se limpian y transforman esos datos para asegurar su calidad y coherencia, y cómo se integran en repositorios adecuados como un Data Warehouse o un Data Lake. Un liderazgo efectivo no exige necesariamente que el líder ejecute estas tareas, pero sí que pueda supervisarlas, entender su complejidad, anticipar riesgos y dialogar con los equipos técnicos con fluidez.

Igualmente, importante es el dominio de las plataformas de análisis y visualización de datos, como Power BI, Tableau, Qlik Sense o herramientas más avanzadas basadas en Python o R para análisis estadístico y aprendizaje automático. El líder debe comprender el potencial y las limitaciones de cada una de estas herramientas, saber cuándo aplicarlas y cómo pueden integrarse en los flujos de trabajo de la organización. Este conocimiento permite establecer requisitos técnicos realistas, valorar la calidad de los entregables analíticos y, sobre todo, traducir los resultados técnicos en recomendaciones accionables para la empresa.

No obstante, por más robusto que sea el conocimiento técnico, un liderazgo exitoso en proyectos de datos no puede funcionar sin una gestión humana eficaz. El equipo típico de un proyecto de datos está formado por perfiles muy diversos: analistas, ingenieros de datos, científicos de datos, responsables de negocio, diseñadores UX, expertos en ciberseguridad o responsables legales. Cada uno aporta una visión distinta, y el líder debe crear puentes de colaboración interdisciplinaria, promoviendo un entorno donde todas las voces sean escuchadas y las decisiones se tomen de forma consensuada y orientada a resultados.

Motivar al equipo también es esencial. La analítica de datos puede implicar tareas repetitivas, validaciones constantes, pruebas fallidas o revisiones de modelos, lo que puede generar frustración. Aquí entra en juego la capacidad del líder para inspirar, mantener el foco en el propósito común y reconocer el esfuerzo de cada integrante. Una cultura de mejora continua, aprendizaje colectivo y celebración de pequeños logros marca la diferencia entre un equipo funcional y uno comprometido.

Por otro lado, una habilidad crítica que el líder debe cultivar es la de comunicar de forma efectiva entre los perfiles técnicos y los *stakeholders* del negocio. Muchas veces, los responsables de otras áreas de la empresa no tienen conocimientos avanzados en datos, algoritmos o visualizaciones. Por tanto, es responsabilidad del líder traducir los hallazgos complejos en un lenguaje claro, orientado al valor y enfocado en cómo esos datos ayudan a resolver un problema real del negocio. Esta habilidad de traducción, también conocida como *data storytelling*, es fundamental para que los proyectos de datos no se queden en informes técnicos, sino que se conviertan en decisiones estratégicas bien fundamentadas.

Fig. 3. Tener reuniones periódicas es fundamental para alinear el trabajo de todos los departamentos

En cuanto a la planificación del proyecto, es indispensable definir claramente los objetivos de negocio y los resultados esperados del análisis de datos. Esto implica establecer indicadores clave de rendimiento (KPIs) y diseñar un roadmap que contemple fases concretas, como la identificación de fuentes de datos, la integración de estos, el aseguramiento de la calidad y la gobernanza de datos. La planificación debe ser ágil para adaptarse a cambios en el mercado o en la estrategia empresarial.

La gestión de riesgos también juega un papel esencial. En proyectos de datos, los riesgos pueden ser técnicos, como fallos en la infraestructura o problemas de seguridad, o de gestión, como retrasos en las entregas o desalineación entre equipos.

Fig. 4. Implementar un sistema de seguimiento continuo mediante metodologías ágiles o híbridas permite detectar desviaciones tempranas y tomar acciones correctivas oportunas

Un aspecto clave es la gobernanza de datos, que involucra políticas para asegurar la calidad, privacidad y seguridad de la información. El liderazgo debe promover una cultura organizacional que respete estas políticas, garantizando que los datos sean confiables y que el proyecto cumpla con normativas legales como GDPR o CCPA. Esto no solo evita sanciones, sino que mejora la reputación y confianza en el uso de datos.

El rol del líder también implica seleccionar las herramientas adecuadas para la gestión y análisis de datos. Plataformas como Apache Hadoop, Spark, Tableau o Power BI son ejemplos que permiten manejar grandes volúmenes de datos y crear dashboards interactivos para la toma de decisiones. La elección dependerá del tamaño del proyecto, presupuesto y necesidades específicas del negocio.

Además, la comunicación efectiva es imprescindible. El líder debe traducir los hallazgos técnicos en *insights* comprensibles para los diferentes niveles de la organización, facilitando que las decisiones se basen en datos. Esto requiere habilidades de *storytelling* con datos y un enfoque orientado a resolver problemas concretos del negocio.

El liderazgo en proyectos de datos debe fomentar la mejora continua y el aprendizaje. Evaluar los resultados, analizar los éxitos y errores, y actualizar las estrategias y tecnologías usadas asegura que el proyecto se mantenga relevante y competitivo en un entorno tan dinámico como el del Big Data y Business Intelligence. Esta mentalidad proactiva es la que diferencia un proyecto exitoso de uno que queda obsoleto.

 **Saber más**

Existen diferentes modelos para estructurar los equipos de datos en una organización. El modelo Centralizado agrupa a todos los expertos en datos en un único departamento que sirve a toda la empresa. El modelo Descentralizado o "embebido" sitúa a los analistas directamente dentro de las unidades de negocio (marketing, finanzas). El modelo Híbrido o "Centro de Excelencia" (CoE) combina un equipo central para la gobernanza y la plataforma con analistas embebidos, siendo a menudo el más equilibrado y escalable. La elección depende de la madurez y el tamaño de la empresa.

Resumen

En la era digital, los datos se han consolidado como un activo invaluable para cualquier organización. Sin embargo, su valor no se materializa sin un liderazgo efectivo que dirija los proyectos hacia la maximización de dicho valor. El liderazgo en proyectos de dato es un factor determinante para asegurar que la información impulse el crecimiento, la eficiencia y la diferenciación competitiva, convirtiéndose en un verdadero motor estratégico. Este rol va más allá de la mera gestión de tecnologías, enfocándose en alinear las iniciativas de datos con los objetivos de negocio.

Para ser un líder eficaz en este ámbito, se requiere una combinación de visión estratégica, habilidades técnicas y una sólida capacidad de gestión de equipos multidisciplinares. No es suficiente dominar herramientas de análisis o plataformas de Business Intelligence; es fundamental comprender cómo cada acción orientada a los datos puede generar un impacto real en el negocio. Un líder de datos debe ser un impulsor de la transformación digital, cultivando una cultura organizacional donde los datos sean un activo compartido, valorado y accesible para todos.

Los proyectos de datos a menudo se enfrentan a desafíos complejos, como la calidad y la integración de la información proveniente de múltiples fuentes, así como la resistencia al cambio dentro de los equipos. Es en este punto donde un liderazgo efectivo marca la diferencia, proporcionando una dirección clara, resolviendo conflictos, gestionando los recursos de manera óptima y promoviendo la adopción de tecnologías innovadoras. El éxito no se mide solo por la entrega técnica, sino por la capacidad de generar resultados tangibles que optimicen procesos, mejoren la experiencia del cliente y brinden ventajas competitivas sostenibles.

La planificación del proyecto es una fase indispensable, que exige una clara definición de los objetivos de negocio y los resultados esperados del análisis de datos. Esto implica establecer indicadores clave de rendimiento (KPIs) y diseñar una hoja de ruta que contemple todas las fases: desde la identificación de fuentes y la integración de datos, hasta el aseguramiento de la calidad y la gobernanza de datos. La planificación debe ser lo suficientemente ágil para adaptarse a los cambios del mercado o de la estrategia empresarial, garantizando la relevancia continua del proyecto.

La gestión de riesgos es otro pilar fundamental en los proyectos de datos. Los riesgos pueden ser tanto técnicos (fallos de infraestructura, problemas de seguridad) como de gestión (retrasos, desalineación de equipos). La implementación de un sistema de seguimiento continuo, utilizando metodologías ágiles o híbridas, permite la detección temprana de desviaciones y la toma de acciones correctivas oportunas. Además, la gobernanza de datos es crucial, ya que establece políticas para asegurar la calidad, privacidad y seguridad de la información, garantizando el cumplimiento normativo (GDPR, CCPA) y fortaleciendo la confianza en el uso de los datos.

El rol del líder también incluye la selección de las herramientas adecuadas para la gestión y el análisis de datos, como Apache Hadoop, Spark, Tableau o Power BI, cuya elección dependerá del tamaño del proyecto, el presupuesto y las necesidades específicas del negocio. Además, la comunicación efectiva es imprescindible; el líder debe ser capaz de traducir los hallazgos técnicos en *insights* comprensibles para todos los niveles de la organización, facilitando que las decisiones se basen en datos concretos y resolviendo problemas empresariales de forma práctica.

En última instancia, un liderazgo sólido en proyectos de datos fomenta la mejora continua y el aprendizaje organizacional. Evaluar los resultados, analizar los éxitos y errores, y actualizar constantemente las estrategias y tecnologías empleadas asegura que el proyecto mantenga su relevancia y competitividad en un entorno tan dinámico como el del Big Data y el Business Intelligence. Esta mentalidad proactiva es la que diferencia un proyecto exitoso, capaz de generar valor sostenible, de uno que se vuelve obsoleto, impulsando la resiliencia y el crecimiento empresarial.

Glosario

Aprendizaje organizacional

Proceso impulsado por el liderazgo en proyectos de datos, donde la organización asimila conocimientos de los éxitos y errores para optimizar futuros análisis y estrategias.

Big Data

Contexto en el que operan los proyectos de datos, refiriéndose a conjuntos de datos tan grandes y complejos que las aplicaciones de procesamiento de datos tradicionales no son suficientes.

Business Intelligence (BI)

Contexto en el que operan los proyectos de datos, que se refiere a los procesos, tecnologías y herramientas que transforman los datos brutos en información estructurada para guiar decisiones estratégicas.

Calidad de la información

Un desafío complejo en proyectos de datos que se refiere a la precisión, completitud, consistencia y actualidad de los datos, siendo crucial para la validez de los análisis y decisiones.

Comunicación efectiva

Habilidad imprescindible del líder para traducir los hallazgos técnicos en insights comprensibles para los diferentes niveles de la organización, facilitando decisiones basadas en datos.

Cultura de datos

Mentalidad organizacional fomentada por el liderazgo donde el dato es un activo compartido, valorado y accesible por todos, promoviendo su uso responsable y estratégico.

Gestión de equipos multidisciplinares

Habilidad esencial del líder para motivar, fomentar la colaboración y asegurar una comunicación fluida entre perfiles técnicos (como Data Engineers o Data Scientists) y *stakeholders* del negocio.

Gestión de riesgos

Proceso esencial en proyectos de datos para identificar, evaluar y mitigar posibles amenazas (técnicas o de gestión) que puedan comprometer el éxito del proyecto.

Gobernanza de datos

Conjunto de políticas y procesos que aseguran la calidad, privacidad y seguridad de la información, garantizando que los datos sean confiables y que el proyecto cumpla con normativas legales.

Indicadores clave de rendimiento (KPIs)

Métricas específicas y medibles utilizadas para evaluar el progreso y el éxito de los proyectos de datos, asegurando la alineación con los objetivos de negocio.

Integración de múltiples fuentes

Desafío común en proyectos de datos que implica combinar información de distintos orígenes para obtener una visión unificada y completa.

Liderazgo en proyectos de dato

Rol fundamental que implica dirigir iniciativas de datos, combinando visión estratégica, habilidades técnicas y capacidad de gestión de equipos para maximizar el valor de la información y alinear los objetivos técnicos con las metas de negocio.

Mejora continua

Mentalidad proactiva que fomenta la evaluación constante de resultados, el análisis de éxitos y errores, y la actualización de estrategias y tecnologías para mantener la relevancia y competitividad del proyecto.

Metodologías (Scrum, Kanban, PMI)

Marcos estructurados (ágiles o tradicionales) aplicados a la gestión de proyectos de datos para organizar fases, priorizar tareas, fomentar la colaboración y adaptarse a cambios.

Obsolescencia tecnológica

Riesgo inherente a los proyectos de datos, donde las tecnologías y herramientas pueden quedar desactualizadas rápidamente, requiriendo un enfoque proactivo de mejora continua.

Planificación del proyecto (de datos)

Fase indispensable que define objetivos de negocio, resultados esperados, KPIs y un *roadmap* que contemple las fases de identificación de fuentes, integración de datos, calidad y gobernanza.

Privacidad de datos

Aspecto crítico de la protección de datos que asegura el tratamiento confidencial y conforme a la normativa de la información personal, mitigando el riesgo de exposición o uso indebido.

Resistencia al cambio

Obstáculo que puede surgir por parte de los equipos ante la adopción de nuevas tecnologías o procesos relacionados con los datos, donde el liderazgo efectivo es clave para gestionarla.

Roadmap

Hoja de ruta estratégica que define las fases concretas y los hitos de un proyecto de datos, desde la identificación de fuentes hasta la gobernanza de datos.

Seguridad de datos

Conjunto de mecanismos y prácticas que protegen la información contra accesos no autorizados, pérdida, manipulación o ataques cibernéticos, siendo un riesgo fundamental a gestionar en proyectos de datos.

Storytelling con datos

Técnica de comunicación que permite al líder presentar los hallazgos técnicos de manera clara, persuasiva y orientada a resolver problemas concretos del negocio.

Transformación digital

Proceso impulsado por el líder de datos que redefine los modelos de negocio y la cultura organizacional, integrando tecnologías y una mentalidad orientada al dato para impulsar el crecimiento y la eficiencia.

Visión estratégica

Capacidad clave del líder de datos para establecer una dirección clara sobre el uso estratégico de los datos, asegurando que las iniciativas generen un impacto real y contribuyan a los objetivos organizacionales.

Ejercicios de autoevaluación

1. **¿Cuál es la responsabilidad principal de un Chief Data Officer (CDO) o Director de Datos?**

   a. Reparar los problemas de *hardware* de los servidores.

   b. Diseñar los logotipos para los informes de la empresa.

   c. Definir y supervisar la estrategia de datos de toda la organización, tratándolos como un activo estratégico.

   d. Escribir personalmente todo el código para el análisis de datos.

2. **En la gestión de proyectos de datos, ¿qué es la Gobernanza de Datos (Data Governance)?**

   a. Un *software* antivirus específico para bases de datos.

   b. El conjunto de políticas, estándares y procesos para asegurar que los datos se gestionen de forma segura, coherente y eficaz.

   c. Una reunión semanal del equipo de proyecto.

   d. El proceso de contratar nuevos analistas de datos.

3. **¿Por qué es crucial el liderazgo para fomentar una cultura orientada a los datos (data-driven)?**

   a. Porque el líder es el único que puede interpretar los datos.

   b. Porque debe impulsar el cambio, promover la alfabetización de datos y dar ejemplo utilizando los datos para la toma de decisiones.

   c. Porque el líder es responsable de comprar las licencias de *software*.

   d. Porque el liderazgo se opone por definición al uso de la tecnología.

4. ¿Cuál es una característica distintiva en la gestión de proyectos de datos en comparación con proyectos de TI tradicionales?

a. No tienen plazos de entrega.

b. Su naturaleza es a menudo exploratoria e iterativa, especialmente en fases de análisis y modelado.

c. No requieren presupuesto.

d. El cliente nunca participa en el proceso.

5. ¿Quién es el Data Steward (responsable de datos)?

a. El máximo responsable de la estrategia global de datos de la empresa.

b. Una persona responsable de la gestión táctica y la calidad de un conjunto de datos específico (dominio de datos).

c. El técnico que instala el software en los ordenadores.

d. El usuario final que consulta un informe.

6. ¿Cuál es uno de los mayores riesgos en cualquier proyecto de datos?

a. Tener demasiados datos para analizar.

b. La mala calidad de los datos de origen ("Garbage In, Garbage Out").

c. Que el equipo técnico esté demasiado motivado.

d. Que las herramientas de BI sean demasiado fáciles de usar.

7. Un líder de datos debe asegurar el cumplimiento de regulaciones como el GDPR. ¿A qué se refiere esta normativa?

a. A la calidad del aire en los centros de datos.

b. A los estándares de contabilidad financiera.

c. A la protección de datos personales y la privacidad de los ciudadanos de la UE.

d. A las leyes de propiedad intelectual del software.

8. En un equipo de proyecto de datos, ¿cuál es la función principal del Ingeniero de Datos (Data Engineer)?

  a. Crear las visualizaciones y los *dashboards* para el usuario final.
  b. Diseñar, construir y mantener la infraestructura y los pipelines para que los datos fluyan y estén disponibles para el análisis.
  c. Definir los objetivos de negocio del proyecto.
  d. Presentar los resultados finales a la dirección.

9. ¿Qué significa promover la "alfabetización de datos" (Data Literacy) en una organización?

  a. Obligar a todos los empleados a ser programadores expertos.
  b. Capacitar a los empleados para que puedan leer, interpretar, analizar y comunicar información a partir de los datos.
  c. Traducir todos los informes a varios idiomas.
  d. Publicar todos los datos de la empresa en internet.

10.¿Qué es un "Data Owner" (Propietario del Dato)?

  a. El informático que administra la base de datos.
  b. Un directivo del área de negocio que tiene la máxima responsabilidad sobre un conjunto de datos (ej. el Director de Marketing sobre los datos de clientes).
  c. La empresa que vende el software de análisis.
  d. El consultor externo que lidera el proyecto.

U. A. 4. Liderazgo y gestión de proyectos de dato

U. A. 5. Protección de datos

Introducción

La protección de datos se ha convertido en uno de los pilares fundamentales para las organizaciones en la era digital. En un entorno donde la información fluye constantemente y los ciberataques son cada vez más sofisticados, garantizar la seguridad y privacidad de los datos no es solo una obligación legal, sino una necesidad estratégica para mantener la confianza de clientes, proveedores y colaboradores.

Los datos personales y corporativos son activos de alto valor que, si no se gestionan correctamente, pueden generar consecuencias devastadoras: sanciones económicas, pérdida de reputación e incluso la desaparición del negocio. Por ello, comprender los principios de protección de datos y su correcta aplicación es esencial para cualquier organización que desee operar de manera ética, segura y alineada con la normativa vigente.

Objetivos

- Identificar los conceptos clave de la protección de datos, incluyendo los tipos de datos personales, datos sensibles y la importancia de su tratamiento responsable dentro de cualquier organización.
- Entender el marco legal vigente, especialmente el Reglamento General de Protección de Datos (RGPD) y otras normativas relevantes, así como las obligaciones y derechos que establecen para empresas y usuarios.
- Analizar las bases legales para el tratamiento de datos personales, evaluando cuándo y cómo se puede legitimar la recogida, almacenamiento, uso y comunicación de datos.
- Explorar los principios fundamentales de la protección de datos, tales como minimización, transparencia, integridad, confidencialidad y limitación del plazo de conservación.
- Identificar las responsabilidades y roles clave en la gestión de la protección de datos, incluyendo la figura del Delegado de Protección de Datos (DPD) y la importancia de la capacitación interna.
- Conocer las medidas técnicas y organizativas necesarias para garantizar la seguridad de los datos, como cifrado, control de accesos, copias de seguridad y auditorías periódicas.
- Comprender los derechos de los titulares de los datos, incluyendo acceso, rectificación, supresión, oposición y portabilidad, y cómo atender solicitudes de forma eficaz y conforme a la ley.
- Valorar el impacto de las brechas de seguridad y las sanciones asociadas al incumplimiento, así como los procedimientos para la notificación y gestión de incidentes.
- Familiarizarse con casos prácticos y mejores prácticas en protección de datos, para desarrollar una cultura organizacional orientada a la privacidad y la confianza con clientes y usuarios.

1. Protección de datos

La protección de datos no solo abarca la seguridad técnica, sino también la gestión responsable de la información en todo su ciclo de vida: desde la recogida y almacenamiento, hasta el tratamiento, transferencia y eliminación. Este enfoque integral permite minimizar riesgos, garantizar la transparencia y fomentar una cultura organizacional basada en la privacidad y el respeto hacia los titulares de los datos.

Fig. 1. Dado que todo está conectado y los datos son fundamentales, es imprescindible que los protejamos como exige la normativa

El creciente volumen de datos que manejan las empresas, junto con la necesidad de cumplir con legislaciones como el Reglamento General de Protección de Datos (RGPD) en Europa o la Ley Orgánica de Protección de Datos (LOPDGDD) en España, obliga a las organizaciones a implementar políticas, procesos y tecnologías que aseguren el cumplimiento normativo y refuercen la protección frente a amenazas internas y externas.

legislación

El Reglamento General de Protección de Datos (RGPD o GDPR en inglés) de la Unión Europea es la normativa de referencia a nivel mundial. Sus principios clave son:

- **Licitud, lealtad y transparencia:** Informar claramente sobre el uso de los datos.
- **Limitación de la finalidad:** Usar los datos solo para el fin para el que fueron recogidos.
- **Minimización de datos:** Recoger solo los datos estrictamente necesarios.
- **Exactitud:** Mantener los datos actualizados.
- **Limitación del plazo de conservación:** Borrar los datos cuando ya no son necesarios.
- **Integridad y confidencialidad:** Proteger los datos contra accesos no autorizados.

La protección de datos constituye un elemento esencial y no negociable en el ámbito del Big Data y el Business Intelligence (BI). En estos entornos, las organizaciones manejan cantidades masivas de información que, con frecuencia, incluyen datos personales identificables (DPI), información confidencial de clientes, registros financieros, datos operativos críticos o activos estratégicos que deben ser tratados con el máximo rigor. La creciente capacidad de capturar, cruzar y analizar datos provenientes de múltiples fuentes —como redes sociales, sensores IoT, plataformas de e-commerce o sistemas internos— ha multiplicado los riesgos relacionados con la seguridad y la privacidad de la información.

Fig. 2. Verificar con los departamentos que la información de los clientes está protegida es un paso imprescindible

Proteger los datos no se limita a una cuestión técnica, sino que requiere establecer una gobernanza sólida, basada en principios éticos, jurídicos y organizacionales. Esto implica implementar un marco integral que regule todo el ciclo de vida del dato, desde su recolección, pasando por el almacenamiento y el tratamiento, hasta su eventual eliminación o anonimización. Este enfoque holístico asegura que cada interacción con los datos respete los derechos de las personas, minimice los riesgos legales y preserve la integridad del negocio.

Fig. 3. Encriptar los datos es fundamental para evitar accesos no autorizados a información privada

Uno de los fundamentos clave es el cumplimiento normativo, especialmente en contextos donde legislaciones como el Reglamento General de Protección de Datos (RGPD) en Europa, la Ley de Privacidad del Consumidor de California (CCPA) o normas sectoriales (como HIPAA en el ámbito sanitario) imponen obligaciones estrictas. Estas normativas establecen principios como el de licitud, lealtad y transparencia, limitación de la finalidad, minimización de datos, exactitud, limitación del plazo de conservación, integridad y confidencialidad, y responsabilidad proactiva. Cumplir con estas obligaciones no solo evita sanciones, sino que refuerza la credibilidad y la reputación de la organización ante sus públicos clave.

Vocabulario

- **Dato personal:** Cualquier información sobre una persona física identificada o identificable.
- **Anonimización:** Proceso irreversible que impide identificar al individuo. Los datos anonimizados no están sujetos al RGPD.
- **Seudonimización:** Proceso reversible que sustituye los identificadores por seudónimos. Los datos siguen siendo personales porque se puede volver a identificar al sujeto.
- **Responsable del Tratamiento:** La organización que decide sobre los fines y medios del tratamiento de datos.
- **Encargado del Tratamiento:** Quien trata los datos por cuenta del responsable (ej. un proveedor de servicios en la nube).

Para llevar estos principios a la práctica, es necesario aplicar una combinación de medidas técnicas y organizativas.

Entre las más relevantes se encuentran:

- **Cifrado de la información**, tanto en tránsito como en reposo, para garantizar que los datos no sean accesibles por terceros no autorizados.
- **Pseudonimización y anonimización**, que permiten trabajar con datos desprovistos de elementos identificativos directos, reduciendo el impacto en caso de filtraciones.
- **Gestión de accesos basada en roles**, asegurando que cada usuario solo pueda acceder a la información estrictamente necesaria para sus funciones.
- **Auditorías periódicas y evaluaciones de impacto**, que permiten detectar vulnerabilidades y anticipar posibles fallos en los sistemas de protección.
- **Planes de contingencia y recuperación ante incidentes**, fundamentales para responder eficazmente a ciberataques, errores humanos o fallos de infraestructura.

También es fundamental fomentar una cultura organizacional de protección de datos, donde todos los empleados comprendan la importancia de manejar la información de forma responsable. Esto incluye formación continua, protocolos claros de actuación y la incorporación de perfiles especializados como el Delegado de Protección de Datos

(DPO), encargado de supervisar el cumplimiento normativo y asesorar en decisiones críticas relacionadas con la privacidad.

La transparencia con los usuarios y clientes es otro pilar central. Las organizaciones deben informar de forma clara y comprensible sobre qué datos recogen, con qué finalidad, cómo los protegen y durante cuánto tiempo serán almacenados. Esta transparencia refuerza la confianza y permite a los usuarios ejercer sus derechos — acceso, rectificación, supresión, oposición, portabilidad, entre otros— de forma efectiva.

Fig. 4. Definir con trasparencia los objetivos legales y el cumplimiento entre departamentos

En el contexto del BI, donde los datos se utilizan para generar inteligencia estratégica, es vital asegurarse de que los informes, *dashboards* y modelos analíticos no violen la confidencialidad o integridad de los datos personales. Las soluciones de BI deben diseñarse bajo el enfoque de "privacidad desde el diseño" (*privacy by design*) y "privacidad por defecto" (*privacy by default*), es decir, incorporando la protección de datos desde el inicio del desarrollo y limitando la exposición innecesaria de información sensible.

Un primer aspecto clave es la implementación de políticas claras de privacidad que definan los límites y usos permitidos de los datos. Estas políticas deben estar alineadas con reglamentos internacionales y locales como el Reglamento General de Protección de Datos (RGPD) en Europa o la Ley de Protección de Datos Personales en otros países. Dichas normativas establecen derechos para los titulares de datos, como acceso, rectificación, cancelación y oposición, reconocidos como derechos ARCO, que las organizaciones deben respetar rigurosamente.

La anonimización y seudonimización son técnicas esenciales para minimizar riesgos al tratar grandes volúmenes de datos. La anonimización consiste en eliminar toda información que permita identificar a una persona, mientras que la seudonimización sustituye los identificadores directos por códigos, permitiendo un análisis sin revelar identidades reales. Estas técnicas facilitan el análisis de datos en Business Intelligence sin comprometer la privacidad, siendo especialmente útiles en sectores como salud, finanzas o telecomunicaciones.

Además, el control de acceso representa una barrera crítica y obligatoria dentro de cualquier estrategia integral de seguridad de la información. No basta con proteger el perímetro; es necesario controlar *quién puede hacer qué* con los datos, y en qué momento. Esto se lleva a cabo mediante la gestión de roles y permisos, un enfoque que asigna derechos de acceso en función de las responsabilidades de cada usuario dentro de la organización. De este modo, se establece el principio del mínimo privilegio, que garantiza que cada individuo acceda únicamente a los recursos estrictamente necesarios para el desempeño de sus funciones.

Para reforzar estos controles, las organizaciones implementan sistemas de autenticación robustos, donde destaca la autenticación multifactor (MFA). Esta medida añade capas adicionales de verificación más allá de la clásica contraseña, incluyendo códigos de un solo uso, biometría (huella, reconocimiento facial) o llaves físicas. Esta estrategia reduce drásticamente el riesgo de accesos no autorizados, especialmente en entornos distribuidos o con trabajadores remotos. Complementariamente, los sistemas de gestión de identidades y accesos (IAM) permiten centralizar, monitorizar y auditar quién accede a qué, en qué momento y desde dónde, proporcionando un mayor control sobre la seguridad de los datos sensibles.

El cifrado de datos, tanto en tránsito como en reposo, es otro componente esencial de una arquitectura de seguridad sólida. Cuando los datos están "en tránsito" (por ejemplo, durante su envío a través de una red pública o privada), se corre el riesgo de que sean interceptados por terceros. Cuando están "en reposo" (almacenados en un disco duro, base de datos o sistema de *backup*), también pueden ser objeto de accesos indebidos. El cifrado asegura que, aunque un atacante acceda a los datos, estos resulten *ilegibles sin la clave de descifrado*.

Fig. 5. Revisando en equipo todos los objetivos de la empresa

Se utilizan diversos protocolos criptográficos para este fin. El AES (Advanced Encryption Standard), ampliamente aceptado para cifrado simétrico, ofrece velocidad y seguridad en el tratamiento de grandes volúmenes de información. Para comunicaciones más sensibles, como intercambios de claves o autenticación, se utiliza RSA (Rivest-Shamir-Adleman), que emplea cifrado asimétrico (clave pública y privada). La combinación de estas tecnologías —por ejemplo, en el protocolo TLS/SSL— garantiza comunicaciones cifradas y autenticadas en plataformas web y servicios cloud.

Por otro lado, el monitoreo activo y continuo de los sistemas que gestionan los datos es una práctica indispensable para detectar amenazas emergentes y responder a incidentes con agilidad. El uso de herramientas de análisis de registros (logs), sistemas de detección de intrusos (IDS) y sistemas de prevención de intrusos (IPS) permite identificar patrones de comportamiento sospechosos, como múltiples intentos fallidos de acceso, transferencias inusuales de datos o actividades fuera del horario habitual. Esta vigilancia debe ser continua y en tiempo real, ya que los ataques pueden ejecutarse en segundos y causar daños irreversibles si no se detectan a tiempo.

La auditoría regular de accesos y cambios en los sistemas refuerza aún más esta capa de seguridad. Auditar no solo permite reconstruir los eventos posteriores a un incidente, sino también demostrar el cumplimiento de las políticas internas y los marcos regulatorios (como el RGPD o ISO/IEC 27001). Estas auditorías deben documentar quién accedió a qué, cuándo lo hizo y qué acciones realizó. Esta trazabilidad no solo fortalece la seguridad, sino que también promueve una cultura de responsabilidad y transparencia en el manejo de los datos.

 **Importante**

La protección de datos no es un obstáculo para el Business Intelligence, sino un marco para hacerlo de forma responsable. Ignorar la privacidad puede acarrear multas millonarias (hasta el 4% de la facturación anual global) y, lo que es peor, una pérdida irreparable de la confianza del cliente. Una sólida estrategia de gobernanza de datos, que incluya la privacidad desde el diseño ("Privacy by Design"), es un pilar fundamental de cualquier proyecto de datos sostenible y ético.

Además, conviene integrar estos sistemas de seguridad dentro de una estrategia de respuesta ante incidentes, que defina protocolos claros de actuación cuando se detecta una amenaza. Esto incluye desde notificaciones automáticas al equipo de seguridad, hasta la desconexión de sistemas comprometidos, copias de seguridad activadas de forma inmediata y comunicación con los usuarios afectados. La agilidad y preparación ante incidentes no solo mitiga el impacto técnico, sino también el daño reputacional que puede derivarse de una brecha de seguridad.

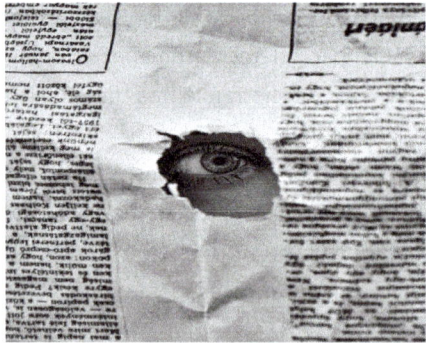

Fig. 6. Verificar de forma constante las fisuras de seguridad y mantener equipos actualizados es fundamental en las organizaciones actuales

El diseño de infraestructuras seguras también debe contemplar la segregación de datos, es decir, mantener separados los entornos de desarrollo, pruebas y producción para evitar que información sensible se vea comprometida durante procesos internos. Asimismo, la implementación de copias de seguridad cifradas y planes de recuperación ante desastres garantizan la continuidad operativa y la integridad de la información ante fallos o ataques.

La capacitación y concienciación del personal es crucial para reforzar la protección de datos. Muchas brechas de seguridad ocurren por errores humanos, por lo que formar a los equipos en buenas prácticas, reconocer amenazas como el phishing y cumplir protocolos de seguridad minimiza significativamente riesgos. En conjunto, estas medidas conforman un ecosistema robusto de protección que sostiene cualquier estrategia de Big Data y Business Intelligence.

U. A. 5. Protección de datos

Resumen

La protección de datos se ha consolidado como un pilar fundamental para las organizaciones en la era digital, trascendiendo la mera obligación legal para convertirse en una necesidad estratégica. En un entorno donde la información fluye constantemente y los ciberataques son cada vez más sofisticados, garantizar la seguridad y privacidad de los datos es esencial para mantener la confianza de clientes, proveedores y colaboradores. Este compromiso no solo protege la integridad de la información, sino que también salvaguarda la reputación y la continuidad del negocio.

Los datos personales y corporativos son activos de alto valor cuyo manejo incorrecto puede acarrear consecuencias devastadoras, incluyendo sanciones económicas severas, una irreparable pérdida de reputación y, en casos extremos, la desaparición del negocio. Por ello, comprender a fondo los principios de protección de datos y su correcta aplicación es imprescindible para cualquier organización que aspire a operar de manera ética, segura y en estricta conformidad con la normativa vigente, estableciendo así un marco de operación confiable.

La protección de datos no se limita únicamente a la seguridad técnica, sino que abarca la gestión responsable de la información a lo largo de todo su ciclo de vida. Esto incluye desde la fase de recogida y almacenamiento, pasando por el tratamiento y la transferencia, hasta su eliminación definitiva. Este enfoque integral es crucial para minimizar riesgos, asegurar la transparencia en el uso de la información y fomentar una cultura organizacional basada en la privacidad y el respeto hacia los derechos de los titulares de los datos.

El creciente volumen de datos que gestionan las empresas, junto con la imperativa necesidad de cumplir con legislaciones rigurosas como el Reglamento General de Protección de Datos (RGPD) en Europa o la Ley Orgánica de Protección de Datos y Garantía de los Derechos Digitales (LOPDGDD) en España, obliga a las organizaciones a implementar políticas, procesos y tecnologías robustas. Esto asegura el cumplimiento normativo y refuerza la protección frente a las amenazas tanto internas como externas, consolidando un marco de seguridad proactivo.

Para mitigar riesgos al tratar grandes volúmenes de datos, la anonimización y seudonimización son técnicas esenciales, que permiten el análisis sin comprometer la privacidad. El control de acceso, mediante la gestión de roles y permisos, así como la autenticación multifactor (MFA) y los sistemas de gestión de identidades (IAM), son barreras indispensables contra accesos no autorizados. Estas medidas garantizan que solo el personal autorizado pueda manipular o visualizar la información sensible, fortaleciendo la seguridad perimetral de los datos.

El cifrado de datos, tanto en reposo como en tránsito, es una medida vital que protege la información contra interceptaciones o accesos no autorizados. Adicionalmente, el monitoreo constante y la auditoría de sistemas que gestionan datos permiten identificar comportamientos anómalos o intentos de acceso en tiempo real, facilitando una reacción rápida ante incidentes. El diseño de infraestructuras seguras también debe incluir la segregación de datos y la implementación de copias de seguridad cifradas con planes de recuperación ante desastres, garantizando la continuidad operativa y la integridad de la información.

Finalmente, la capacitación y concienciación del personal son cruciales para reforzar la protección de datos, ya que un número significativo de brechas de seguridad se originan en errores humanos. Formar a los equipos en buenas prácticas, en el reconocimiento de amenazas como el *phishing* y en el cumplimiento estricto de los protocolos de seguridad minimiza considerablemente los riesgos. En conjunto, todas estas medidas conforman un ecosistema de protección robusto que es fundamental para el éxito de cualquier estrategia de Big Data y Business Intelligence, asegurando un entorno digital más seguro y respetuoso con la privacidad.

Glosario

Anonimización

Técnica esencial para minimizar riesgos al tratar grandes volúmenes de datos, consistente en eliminar toda información que permita identificar a una persona, facilitando el análisis sin revelar identidades reales.

Autenticación multifactor (MFA)

Tecnología que aporta capas adicionales de seguridad, exigiendo múltiples formas de verificación de identidad para reducir el riesgo de filtraciones o usos indebidos de datos.

Capacitación y concienciación del personal

Medida fundamental para reforzar la protección de datos, ya que un número significativo de brechas de seguridad se originan por errores humanos; implica formar a los equipos en buenas prácticas y protocolos de seguridad.

Ciclo de vida de los datos

Las etapas que comprenden la gestión responsable de la información, desde su recogida y almacenamiento, pasando por el tratamiento y la transferencia, hasta su eliminación definitiva.

Cifrado de datos

Medida vital que protege la información tanto en reposo como en tránsito, encriptando los datos para que permanezcan ilegibles para terceros no autorizados, incluso si son interceptados o robados.

Confianza

La base fundamental que se establece con clientes, proveedores y colaboradores al garantizar la seguridad y privacidad de los datos, siendo un activo estratégico en la era digital.

Control de acceso

Barrera indispensable para evitar accesos no autorizados a los datos, logrado mediante la gestión de roles y permisos que aseguran que solo el personal autorizado pueda manipular o visualizar la información.

Copias de seguridad cifradas

Implementación crucial para garantizar la continuidad operativa y la integridad de la información ante fallos o ataques, formando parte de los planes de recuperación ante desastres.

Cultura organizacional

El fomento de una mentalidad basada en la privacidad y el respeto hacia los titulares de los datos, crucial para la gestión responsable de la información y para que la protección de datos se entienda como una oportunidad de diferenciación.

Datos personales y corporativos

Activos de alto valor que, si no se gestionan correctamente, pueden acarrear sanciones económicas, pérdida de reputación o la desaparición del negocio.

Derechos ARCO (Acceso, Rectificación, Cancelación y Oposición)

Derechos fundamentales de los titulares de datos establecidos por normativas como el RGPD, que las organizaciones deben respetar rigurosamente en sus políticas de privacidad.

Ley Orgánica de Protección de Datos y Garantía de los Derechos Digitales (LOPDGDD)

Normativa española relevante que complementa el RGPD, obligando a las organizaciones a implementar políticas, procesos y tecnologías para el cumplimiento normativo y la protección de datos.

Monitoreo constante y auditoría de sistemas

Prácticas esenciales que, mediante herramientas de análisis de logs y detección de intrusiones, permiten identificar comportamientos anómalos o intentos de acceso no autorizados en tiempo real.

Protección de datos

Conjunto de principios y medidas esenciales para garantizar la seguridad y privacidad de los datos personales y corporativos, abarcando su ciclo de vida completo (recogida, almacenamiento, tratamiento, transferencia y eliminación). Es una obligación legal y una necesidad estratégica para mantener la confianza y la reputación.

Reglamento General de Protección de Datos (RGPD)

Normativa europea clave que, junto con otras legislaciones como la LOPDGDD en España, establece las obligaciones para las organizaciones y los derechos para los titulares de datos en materia de protección de datos.

Segregación de datos

Práctica de diseño de infraestructuras seguras que implica mantener separados los entornos de desarrollo, pruebas y producción para evitar que información sensible se vea comprometida durante procesos internos.

Seudonimización

Técnica que sustituye los identificadores directos de los datos por códigos, permitiendo el análisis sin revelar las identidades reales, especialmente útil en sectores como salud, finanzas o telecomunicaciones.

Sistemas de gestión de identidades (IAM)

Tecnologías que contribuyen a la seguridad perimetral de los datos, gestionando el acceso y los permisos de los usuarios para garantizar que solo las personas autorizadas interactúen con la información sensible.

U. A. 5. Protección de datos

Ejercicios de autoevaluación

1. **¿Cuál es el objetivo principal de la normativa de protección de datos como el RGPD (GDPR)?**

   a. Incrementar los beneficios de las empresas que venden datos.

   b. Estandarizar el software que utilizan las empresas.

   c. Proteger los derechos y libertades fundamentales de las personas físicas en relación con el tratamiento de sus datos personales.

   d. Facilitar el intercambio ilimitado de información entre gobiernos.

2. **Según el RGPD, ¿qué se considera un "dato personal"?**

   a. Únicamente el nombre y los apellidos de una persona.

   b. Cualquier información sobre una empresa.

   c. Toda información sobre una persona física identificada o identificable (incluyendo DNI, email, dirección IP, etc.).

   d. Solo los datos almacenados en formato digital.

3. **El principio de "minimización de datos" establece que:**

   a. Se deben recoger tantos datos como sea posible para futuros usos.

   b. Los datos deben ser lo más breves y concisos posible.

   c. Solo se deben recoger y tratar los datos personales que sean estrictamente necesarios para los fines para los que son tratados.

   d. Se debe minimizar el número de copias de seguridad.

4. ¿Qué es el "derecho al olvido" (derecho de supresión)?

    a. El derecho a no recibir publicidad.

    b. La obligación de las empresas de olvidar las deudas de sus clientes.

    c. El derecho de un individuo a solicitar que sus datos personales sean eliminados cuando ya no son necesarios para el fin con el que fueron recogidos.

    d. El derecho a utilizar un pseudónimo en internet.

5. ¿Quién es el "Responsable del Tratamiento" (Data Controller)?

    a. El empleado que introduce los datos en el sistema.

    b. La persona física o jurídica (empresa, entidad) que determina los fines y los medios del tratamiento de datos.

    c. La empresa que proporciona el software de base de datos.

    d. El individuo cuyos datos están siendo tratados.

6. ¿Cuál es la función principal del Delegado de Protección de Datos (DPD) o Data Protection Officer (DPO)?

    a. Realizar campañas de marketing por correo electrónico.

    b. Diseñar la arquitectura de la base de datos.

    c. Informar, asesorar y supervisar el cumplimiento de la normativa de protección de datos dentro de una organización.

    d. Negociar los contratos con los proveedores de servicios en la nube.

7. El cifrado (encriptación) de datos es una medida de seguridad que sirve para:

    a. Aumentar la velocidad de acceso a los datos.

    b. Hacer que los datos sean ininteligibles para cualquiera que no posea la clave de descifrado, protegiéndolos en caso de acceso no autorizado.

    c. Comprimir los datos para que ocupen menos espacio.

    d. Traducir los datos a otros idiomas automáticamente.

8. Una "brecha de seguridad de los datos" (data breach) se produce cuando:

a. Un empleado olvida su contraseña.

b. El servidor de la empresa se reinicia.

c. Se produce una violación de la seguridad que ocasiona la destrucción, pérdida, alteración o comunicación no autorizada de datos personales.

d. Un cliente solicita el acceso a sus datos.

9. Según el RGPD, ¿cómo debe ser el consentimiento para que sea válido?

a. Puede ser tácito o deducirse del silencio del usuario.

b. Se puede obtener marcando casillas previamente por defecto.

c. Debe ser una manifestación de voluntad libre, específica, informada e inequívoca.

d. Debe ser solicitado una única vez en la vida del cliente.

10. El principio de "limitación de la finalidad" implica que los datos personales:

a. Solo pueden ser accesibles para un número limitado de empleados.

b. Deben ser recogidos con un fin determinado, explícito y legítimo, y no pueden ser tratados.

c. posteriormente de manera incompatible con dichos fines.

d. Tienen una utilidad limitada en el tiempo.

e. Solo pueden ser utilizados para fines estadísticos.

Aplicaciones prácticas

Aplicación práctica 1. Implementar una plataforma de BI

U. A. 1. Análisis tanto de herramientas informáticas inteligentes como de la infraestructura que permite su correcto funcionamiento dentro de la organización

Eres un analista de negocios en "GastroÉxito S.L.", una cadena de restaurantes en expansión. La dirección toma decisiones basadas en la intuición y en informes de ventas básicos generados manualmente en Excel al final de cada mes. Este proceso es lento, propenso a errores y no permite cruzar información (ej. ventas vs. campañas de marketing vs. inventario). Como resultado, es difícil saber qué platos son más rentables o qué sucursal necesita más apoyo. La dirección ha aprobado un proyecto para implementar una plataforma de Inteligencia de Negocios (BI).

Crea un diagrama que represente cómo la Inteligencia de Negocios transformará la toma de decisiones en "GastroÉxito S.L.". Tu diagrama debe incluir y relacionar:

- **Fuentes de datos:** TPV, Sistema de Inventario, CRM, Plataformas de Marketing.
- **Proceso central:** un proceso de ETL, un Data Warehouse y la plataforma de BI.
- **Salidas/resultados de negocio:** dashboards para distintos roles (gerentes, dirección), informes automatizados y el objetivo final de una toma de decisiones informada.

Aplicación práctica 2. Análisis de herramientas de BI

U. A. 1. Análisis tanto de herramientas informáticas inteligentes como de la infraestructura que permite su correcto funcionamiento dentro de la organización

Como analista de negocios, te enfrentas a un problema: los gerentes de los restaurantes ven el nuevo *dashboard* de BI como una herramienta complicada y prefieren seguir usando sus métodos antiguos con hojas de cálculo. Utilizando la plantilla proporcionada a continuación, detalla cómo abordarías este reto.

Aspecto del reto	Descripción del problema	Acciones como analista de negocios	Herramientas/ Conceptos de la unidad aplicados	Resultado esperado
Identificación del problema de adopción	Los gerentes de restaurante perciben la nueva plataforma de BI como compleja, ajena a sus necesidades diarias y una pérdida de tiempo frente a sus métodos conocidos.			
Falta de relevancia percibida	El *dashboard* generalista no responde a preguntas clave de los gerentes como "¿qué plato debo promocionar hoy?" o "¿estoy gestionando bien mi stock para el fin de semana?".			
Brecha de conocimiento	Los usuarios no saben cómo usar la herramienta de BI para explorar los datos, aplicar filtros o interpretar las visualizaciones correctamente.			
Falta de integración en la rutina	La consulta del *dashboard* no forma parte del flujo de trabajo diario de los gerentes.			

Aplicación práctica 3. Diseño de un *dashboard*

U. A. 2. Realización de una planificación viable, así como el perfeccionamiento del análisis de datos estructurados.

Una cadena de supermercados regionales lanza campañas mensuales con diferentes descuentos por categoría de producto. El departamento de marketing desea evaluar el rendimiento de las campañas anteriores utilizando datos estructurados.

1. Diseña un *dashboard* en Power BI o Excel avanzado que muestre:

- Incremento de ventas por categoría.
- Comparación entre tiendas físicas y online.
- Indicadores de margen bruto y frecuencia de compra.

2. Interpreta los datos del *dashboard* y redacta un informe ejecutivo con al menos 3 decisiones estratégicas a tomar.

3. Proporciona una tabla de riesgos sobre el análisis y su mitigación (errores de carga, calidad de datos, sesgo por zonas, etc.).

Aplicación práctica 4. Análisis de datos

U. A. 3. Utilización de técnicas y recursos para el análisis de datos

GeoTur es una agencia de viajes especializada en paquetes turísticos (aventura, relax, cultura) que ha invertido en la digitalización de su estrategia comercial. Dispone de una plataforma web donde los usuarios navegan, consultan información sobre los paquetes y, en algunos casos, realizan reservas.

La empresa ha empezado a recopilar datos detallados sobre el comportamiento de los usuarios en su web: edad, ciudad, canal de entrada, clics en paquetes, tiempo de visita y tipo de paquete visualizado, además de si acabaron reservando o no.

A pesar de tener buenas visitas y campañas activas, la tasa de conversión es baja y no tienen claro por qué. La dirección desea entender qué factores influyen en la reserva para tomar mejores decisiones y rediseñar sus campañas.

1. Análisis general del comportamiento:

- ¿Cuál es la tasa de conversión general en la plataforma?
- ¿Qué diferencias hay entre los usuarios que reservan y los que no (edad, clics, tiempo en la web, canal)?

2. Rendimiento de los canales digitales:

- ¿Qué canal (Email, Directo, Instagram, etc.) genera más visitas?
- ¿Cuál tiene la mayor tasa de conversión?
- ¿Qué canal debería priorizar GeoTur?

3. Interés y conversión por tipo de paquete:

- ¿Qué tipo de paquete recibe más clics? ¿Y cuál convierte mejor?
- ¿Existen paquetes que generan mucho interés, pero pocas reservas?
- ¿Qué decisiones puede tomar la empresa con esta información?

4. Segmentación geográfica y demográfica:

- ¿Qué ciudades tienen mayor interés y conversión?
- ¿Qué perfiles de edad tienen mayor probabilidad de reservar?
- ¿Debería GeoTur personalizar sus campañas por ciudad o edad?

5. Patrones de comportamiento:

- ¿Cuántos clics o minutos de visita parecen necesarios para que un usuario reserve?
- ¿Existe un patrón común entre quienes terminan reservando?

6. Visualización y toma de decisiones:

- ¿Qué tres visualizaciones ayudarían a la dirección de GeoTur a tomar decisiones de forma clara?
- ¿Qué recomendaciones estratégicas deberían priorizar a corto plazo para mejorar las reservas?

Aplicación práctica 5. Gestión y liderazgo de proyectos

U. A. 4. Liderazgo y gestión de proyectos de dato

Has sido nombrado Líder de Proyecto de Datos (Data Project Lead) en "HealthPlus Seguros". La compañía ha lanzado su iniciativa de datos más ambiciosa hasta la fecha: el proyecto "Visión 360", cuyo objetivo es crear una plataforma unificada con toda la información del cliente.

El problema es que proyectos anteriores han fracasado por luchas internas. El departamento de Marketing quiere los datos para campañas personalizadas; el de riesgos los necesita para evaluar pólizas y exige un control férreo de la privacidad (cumplimiento de GDPR/LOPDGDD); y el de ventas quiere identificar oportunidades de venta cruzada. Tu éxito no dependerá de tu habilidad técnica, sino de tu capacidad para liderar y gestionar la complejidad humana y organizativa.

El proyecto acaba de empezar y ya te enfrentas a tu primera crisis. El director de Marketing está presionando al equipo de IT para tener acceso a datos sensibles de salud de los clientes para segmentar campañas. A su vez, la directora de Riesgos y Cumplimiento ha enviado un email a toda la dirección advirtiendo de las graves consecuencias legales de esta acción, y ha solicitado paralizar el acceso a datos hasta nuevo aviso. El proyecto está bloqueado.

Como líder del proyecto, tu misión es desbloquear la situación. Describe las acciones de liderazgo que tomarías para alinear a estos directores y establecer una gobernanza clara para el proyecto. Para ello, completa la siguiente tabla:

Reto de liderazgo	Acción de liderazgo concreta que tomarías	Técnica de comunicación a emplear	Resultado esperado (acuerdo o decisión)
Conflicto directo: marketing (uso de datos) vs. riesgos (privacidad)			
Falta de dirección unificada y presión sobre IT			

Has superado la crisis inicial y el proyecto avanza. Sin embargo, a los dos meses te enfrentas a dos problemas muy comunes en la gestión de cualquier proyecto de datos.

Utilizando la siguiente tabla, describe cómo gestionarías cada situación, demostrando tus habilidades de gestión de proyectos.

Situación del proyecto	Descripción del problema	Tu acción de gestión (paso a paso)	Herramienta o metodología de gestión aplicada
Gestión del alcance (*Scope Creep*)	El equipo de ventas, viendo los primeros *dashboards*, solicita añadir un nuevo módulo de "predicción de abandono", no contemplado en el plan inicial, lo que retrasaría la entrega 3 meses.		
Gestión de la calidad de datos	El equipo técnico te informa que la calidad de los datos del sistema de origen es peor de lo esperado: el 40% de los emails de clientes son incorrectos, lo que invalida el objetivo de la campaña de marketing.		

Aplicación práctica 6. Análisis de la política de protección de datos

U. A. 5. Protección de datos

Ecodrive Servicios Ambientales S.L. es una pyme especializada en soluciones tecnológicas para optimizar el consumo energético de pequeñas y medianas empresas. Ofrece un servicio basado en sensores IoT instalados en edificios para monitorizar consumo, temperatura, CO_2 y otros parámetros. Todos los datos son accesibles para los clientes a través de una plataforma online con *dashboards* personalizados.

Tras recibir una notificación de la Agencia Española de Protección de Datos por una posible brecha de seguridad en su plataforma, la empresa ha decidido revisar todo su ciclo de tratamiento de datos. La dirección quiere identificar riesgos, adaptar sus procedimientos al RGPD y asegurarse de que los datos de sus clientes estén correctamente protegidos y gestionados.

¿Cómo puede Ecodrive implementar una política integral de protección de datos personales en cumplimiento con el RGPD? Teniendo en cuenta esta información, responde a las siguientes cuestiones.

1. Diagnóstico inicial:
- ¿Qué datos personales gestiona y en qué fases del ciclo de vida del dato?
- ¿Qué riesgos legales y operativos se derivan de su sistema actual de recogida y análisis?

2. Marco normativo:
- ¿Qué principios del RGPD deberían tener especial prioridad en este caso?
- ¿Qué derechos tienen los clientes de Ecodrive como interesados?

3. Medidas técnicas y organizativas:
- ¿Qué tipo de medidas técnicas debe implantar Ecodrive para proteger los datos recogidos por sensores y los *dashboards* online?
- ¿Qué controles de acceso, cifrado o auditoría serían adecuados?

4. Roles y responsabilidades:

- ¿Qué diferencias hay entre Responsable y Encargado del Tratamiento? ¿Quién desempeña estos roles en Ecodrive?
- ¿Debería la empresa contratar un Delegado de Protección de Datos (DPO)? ¿Por qué sí o por qué no?

5. Evaluación de impacto:

- ¿En qué situaciones debe realizar una Evaluación de Impacto en Protección de Datos (EIPD)?
- ¿Qué pasos incluye una EIPD básica?

6. Privacidad desde el diseño:

- ¿Cómo se puede aplicar el principio de "Privacidad desde el diseño" en los *dashboards* que visualizan datos de clientes?
- ¿Qué límites deben establecerse para evitar el exceso de información personal visible?

7. Brechas de seguridad:

- ¿Qué elementos debe incluir el protocolo de notificación y respuesta ante una brecha de seguridad?
- ¿Cuáles son los plazos legales para notificar una brecha?

8. Formación y cultura:

- ¿Cómo debería diseñarse un plan de formación para el equipo de Ecodrive en materia de protección de datos?
- ¿Qué mensajes o principios deben estar claros para todos los empleados?

A continuación, crea un informe visual o presentación estructurada con:

- Diagnóstico y riesgos actuales.
- Tabla resumen con roles, derechos, obligaciones y medidas técnicas.
- *Checklists* de cumplimiento con el RGPD.
- Recomendaciones claras y argumentadas sobre mejoras organizativas, tecnológicas y culturales.

Aplicaciones prácticas

Ejercicio de evaluación final

1. ¿Cuál es el objetivo principal de la Inteligencia de Negocios (Business Intelligence)?

   a. Vender software de análisis a otras empresas.
   b. Transformar datos brutos en información útil y comprensible para facilitar la toma de decisiones estratégicas.
   c. Diseñar y mantener la infraestructura de hardware de la empresa.
   d. Únicamente reducir los costes del departamento de TI.

2. ¿Qué tipo de analítica se enfoca en responder a la pregunta "¿Qué ha pasado?" resumiendo datos históricos?

   a. Analítica Descriptiva.
   b. Analítica Predictiva.
   c. Analítica Cognitiva.
   d. Analítica Prescriptiva.

3. ¿Cuál es la función de la Analítica Predictiva?

   a. Entender las causas de eventos pasados.
   b. Utilizar datos históricos y algoritmos estadísticos para prever resultados futuros.
   c. Recomendar acciones específicas para optimizar un resultado.
   d. Resumir el rendimiento del último trimestre.

4. Un Data Warehouse (Almacén de Datos) se define como:

   a. Un sistema para el procesamiento de transacciones en tiempo real (OLTP).
   b. Una copia de seguridad de todos los ordenadores de la empresa.
   c. Un repositorio central de datos integrados de múltiples fuentes, diseñado específicamente para la consulta y el análisis.
   d. Un software para la visualización de datos en un *dashboard*.

5. ¿Qué característica define a los datos dentro de un Data Warehouse?

    a. Son volátiles y se modifican constantemente.

    b. Están desorganizados y no tienen una estructura definida.

    c. Provienen de una única fuente de información.

    d. Son no-volátiles, es decir, una vez cargados, no se alteran.

6. La Analítica Prescriptiva es la más avanzada porque

    a. Se limita a mostrar los datos en gráficos de barras.

    b. No solo predice lo que podría pasar, sino que también recomienda acciones concretas para alcanzar un objetivo.

    c. Funciona exclusivamente con datos no estructurados.

    d. Es la más sencilla y rápida de implementar.

7. El proceso ETL (Extract, Transform, Load) es fundamental para:

    a. Visualizar los KPIs en un panel de control.

    b. Poblar un Data Warehouse extrayendo, limpiando y cargando datos de diferentes sistemas.

    c. Gestionar el ciclo de vida de un proyecto.

    d. Proteger los datos contra accesos no autorizados.

8. Un Data Mart es:

    a. Lo mismo que un Data Warehouse, pero con otro nombre.

    b. Un mercado online para la compra y venta de datos.

    c. Un subconjunto de un Data Warehouse enfocado en satisfacer las necesidades de un área o departamento específico de la empresa.

    d. Una base de datos transaccional para el día a día.

9. **¿Qué herramienta de la infraestructura de BI permite el análisis multidimensional de los datos?**

   a. Un sistema de gestión de correos.
   b. Un Cubo OLAP (Online Analytical Processing).
   c. Un procesador de textos.
   d. Un firewall de red.

10. **La infraestructura de BI moderna a menudo se basa en la nube (cloud) porque ofrece:**

   a. Menor seguridad y mayor latencia.
   b. Mayor escalabilidad, flexibilidad y un modelo de pago por uso.
   c. Una dependencia total del hardware físico en la oficina.
   d. Herramientas más limitadas que las soluciones on-premise.

11. **¿Cuál es el propósito fundamental del Data Mining (Minería de Datos)?**

   a. Incrementar el volumen de datos que almacena una empresa.
   b. Descubrir patrones, anomalías y correlaciones ocultas en grandes conjuntos de datos para predecir resultados.
   c. Estructurar las bases de datos relacionales.
   d. Realizar un seguimiento de las tareas de un proyecto.

12. **La técnica de clasificación en Data Mining se utiliza para:**

   a. Agrupar elementos similares sin categorías predefinidas.
   b. Asignar un elemento a una categoría preexistente (ej. determinar si un email es spam o no).
   c. Encontrar productos que se compran juntos con frecuencia.
   d. Predecir un valor numérico continuo, como el precio de una casa.

13.¿Qué caracteriza a la metodología de Gestión de Proyectos Agile (Ágil)?

a. Una planificación rígida y detallada al inicio que no admite cambios.

b. Un enfoque iterativo e incremental, donde los requisitos y soluciones evolucionan a través de la colaboración.

c. La entrega del producto final se realiza únicamente al concluir todas las fases.

d. Está diseñada exclusivamente para proyectos de construcción.

14.Una planificación de proyecto se considera "viable" cuando:

a. No tiene un presupuesto definido.

b. Es realista en cuanto a alcance, tiempo, coste y recursos disponibles.

c. Es extremadamente optimista y no contempla ningún riesgo.

d. Fue creada únicamente por el equipo directivo sin consultar al equipo técnico.

15.El proceso CRISP-DM es un estándar ampliamente utilizado para:

a. La gestión financiera de una empresa.

b. La protección de datos según el RGPD.

c. La ejecución de proyectos de minería de datos.

d. El diseño de la infraestructura de red.

16.¿Qué es el "alcance" (scope) en la gestión de un proyecto?

a. El listado de todos los miembros del equipo.

b. La fecha final de entrega del proyecto.

c. El trabajo total necesario para entregar un producto, servicio o resultado con las características y funciones especificadas.

d. El presupuesto máximo autorizado para el proyecto.

17.La técnica de *clustering* (agrupamiento) en Data Mining sirve para:

a. Predecir las ventas del próximo año.

b. Asignar un correo como "fraude" o "no fraude".

c. Identificar grupos naturales de elementos similares dentro de un conjunto de datos (ej. segmentar clientes).

d. Determinar la causa de la caída en las ventas.

18.Un diagrama de Gantt es una herramienta de gestión de proyectos que permite:

a. Asignar responsabilidades con la matriz RACI.

b. Visualizar el cronograma del proyecto, mostrando las tareas, su duración y sus dependencias en el tiempo.

c. Evaluar los riesgos del proyecto.

d. Desglosar el trabajo en paquetes más pequeños (WBS/EDT).

19.El análisis de datos estructurados se aplica a:

a. Comentarios en redes sociales y reseñas de productos.

b. Correos electrónicos y documentos de Word.

c. Bases de datos relacionales (SQL) y hojas de cálculo (Excel).

d. Archivos de audio y vídeo.

20.El fenómeno conocido como "Scope Creep" en la gestión de proyectos se refiere a:

a. La finalización del proyecto antes de la fecha prevista.

b. La adición de nuevas funcionalidades o requisitos al proyecto de forma incontrolada y sin ajustes en tiempo o coste.

c. Una reducción inesperada del presupuesto del proyecto.

d. La falta de comunicación dentro del equipo.

21.La transformación digital se define mejor como:

    a. La compra de ordenadores portátiles para todos los empleados.

    b. La integración fundamental de la tecnología y la cultura digital en todas las áreas de una organización.

    c. Tener una página web y perfiles en redes sociales.

    d. La automatización de una única tarea manual.

22.¿Cuál de los siguientes es un recurso clave para el análisis de datos moderno?

    a. Archivadores metálicos.

    b. Máquinas de escribir.

    c. Plataformas de Business Intelligence como Tableau o Power BI.

    d. Teléfonos fijos.

23.El concepto de "Self-Service BI" busca:

    a. Que los análisis de datos sean realizados exclusivamente por el departamento de TI.

    b. Empoderar a los usuarios de negocio para que puedan crear sus propios informes y análisis sin una gran dependencia técnica.

    c. Automatizar completamente la toma de decisiones sin intervención humana.

    d. Vender servicios de BI a los propios empleados.

24.Un KPI (Key Performance Indicator) es una métrica que:

    a. Mide la satisfacción general de los empleados.

    b. Refleja el rendimiento de un factor clave para el éxito de los objetivos de negocio.

    c. Registra el número total de líneas de código escritas.

    d. Controla el horario de entrada y salida del personal.

25. Un *dashboard* o panel de control es una técnica de visualización que sirve para:

a. Escribir y ejecutar consultas SQL complejas.

b. Monitorizar de forma gráfica y centralizada los KPIs y métricas más importantes para un objetivo o departamento.

c. Almacenar datos de forma segura.

d. Gestionar los permisos de acceso de los usuarios.

26. La tecnología IoT (Internet de las Cosas) impacta en el análisis de datos al:

a. Reducir la cantidad de datos disponibles para el análisis.

b. Generar volúmenes masivos de datos en tiempo real provenientes de sensores y dispositivos físicos.

c. Limitar el análisis a datos históricos únicamente.

d. Simplificar los modelos de datos requeridos.

27. ¿Por qué es fundamental asegurar la calidad de los datos antes de cualquier análisis?

a. Porque los datos de alta calidad ocupan menos espacio de almacenamiento.

b. Porque análisis basados en datos incorrectos o incompletos ("Garbage In, Garbage Out") conducen a decisiones erróneas.

c. Porque es un requisito para poder instalar el software de BI.

d. Porque mejora la velocidad de la conexión a internet.

28.En el contexto de la transformación digital, adoptar una cultura "data-driven" significa:

 a. Ignorar la experiencia y la intuición de los empleados.
 b. Fomentar que la toma de decisiones en todos los niveles de la organización esté respaldada por datos y evidencia.
 c. Obligar a todos los empleados a ser programadores.
 d. Basar las decisiones únicamente en los informes financieros anuales.

29.La técnica de A/B Testing se utiliza para:

 a. Evaluar el rendimiento del hardware del servidor.
 b. Comparar dos versiones de un elemento (ej. un botón en una web) para determinar cuál es más efectiva para alcanzar un objetivo.
 c. Realizar copias de seguridad de las bases de datos.
 d. Analizar la opinión de los clientes en redes sociales.

30.El principal beneficio de integrar BI en la estrategia de Transformación Digital es:

 a. Aumentar la complejidad de las operaciones.
 b. Obtener una ventaja competitiva mediante la optimización de procesos y una mejor comprensión del cliente.
 c. Justificar la compra de la última tecnología sin un fin específico.
 d. Reducir la comunicación entre departamentos.

31.¿Cuál es la responsabilidad principal de un Chief Data Officer (CDO)?

 a. Arreglar los problemas técnicos de los ordenadores.
 b. Definir y ejecutar la estrategia de datos de la empresa, gobernando los datos como un activo estratégico.
 c. Gestionar la nómina de los empleados.
 d. Diseñar el logotipo de la compañía.

32.El Gobierno de Datos (Data Governance) se define como:

a. El software antivirus que protege los datos.

b. El marco de reglas, políticas, estándares y procesos para la gestión eficaz de los activos de datos de una organización.

c. La compra de licencias de bases de datos.

d. La persona que lidera el equipo de análisis.

33.Dentro de un marco de gobierno, un Data Steward (Custodio de Datos) es la persona que:

a. Posee legalmente todos los datos de la empresa.

b. Es responsable de la calidad, la definición y el uso de un subconjunto específico de datos (un "dominio de datos").

c. Se encarga de la seguridad física de los servidores.

d. Desarrolla los *dashboards* para el equipo directivo.

34.Una estrategia de datos efectiva debe estar siempre:

a. Aislada de los objetivos generales de la empresa.

b. Enfocada únicamente en la reducción de costes de almacenamiento.

c. Alineada con los objetivos estratégicos del negocio.

d. Creada y ejecutada exclusivamente por el departamento de TI.

35.¿Cuál es el rol de un Data Engineer en un proyecto de datos?

a. Interpretar los resultados del análisis y presentarlos a la dirección.

b. Diseñar, construir y mantener los sistemas y "pipelines" para el transporte y transformación de los datos.

c. Definir las políticas de privacidad de los datos.

d. Realizar modelos de *machine learning*.

36. **El rol del Data Scientist se diferencia del Data Analyst principalmente en que:**

    a. El Data Scientist solo utiliza hojas de cálculo.
    b. El Data Scientist aplica técnicas más avanzadas de estadística y *machine learning* para crear modelos predictivos y prescriptivos.
    c. El Data Scientist no necesita conocimientos de negocio.
    d. El Data Analyst es el responsable de la infraestructura.

37. **¿Cuál es uno de los mayores desafíos del liderazgo de datos?**

    a. Encontrar datos para analizar.
    b. Impulsar el cambio cultural hacia una organización data-driven, superando la resistencia y los silos de información.
    c. Elegir el color de los gráficos en los informes.
    d. Convencer a la empresa de que compre ordenadores.

38. **La comunicación con los *stakeholders* (partes interesadas) en un proyecto de datos es crucial para:**

    a. Mantener el proyecto en secreto hasta el final.
    b. Asegurar la alineación, gestionar las expectativas y garantizar que los resultados del análisis sean adoptados y utilizados.
    c. Limitar la participación de otros departamentos.
    d. Cumplir con una formalidad burocrática sin importancia real.

39. **El éxito de un proyecto de datos se mide principalmente por:**

    a. El número de *dashboards* creados.
    b. La cantidad de datos procesados.
    c. El impacto tangible en el negocio, como el aumento de ingresos, la reducción de costes o la mejora de la satisfacción del cliente.
    d. La complejidad del algoritmo utilizado.

40.La diferencia entre Gobierno y Gestión de Datos es que:

a. No hay ninguna diferencia, son términos intercambiables.

b. El Gobierno define la estrategia y el marco, mientras que la Gestión se ocupa de la ejecución táctica de dichos marcos.

c. El Gobierno es técnico y la Gestión es administrativa.

d. El Gobierno lo hace el CDO y la Gestión solo los analistas.

Ejercicio de evaluación final

Solucionario

U. A. 1. Análisis tanto de herramientas informáticas inteligentes como de la infraestructura que permite su correcto funcionamiento dentro de la organización

1. b	**6.** b
2. d	**7.** c
3. b	**8.** b
4. c	**9.** b
5. b	**10.** c

U. A. 2. Realización de una planificación viable, así como el perfeccionamiento del análisis de datos estructurados

1. c	**6.** b
2. b	**7.** d
3. c	**8.** c
4. a	**9.** a
5. b	**10.** b

U. A. 3. Utilización de técnicas y recursos para el análisis de datos

1. b	**6.** b
2. c	**7.** b
3. a	**8.** c
4. c	**9.** c
5. b	**10.** c

U. A. 4. Liderazgo y gestión de proyectos de dato

1. c	**6.** b
2. b	**7.** c
3. b	**8.** b
4. b	**9.** b
5. b	**10.** b

U. A. 5. Protección de datos

1. c	**6.** c
2. c	**7.** b
3. c	**8.** c
4. c	**9.** c
5. b	**10.** b

Bibliografía

Monografías

DELOITTE (2023): *Tech Trends 2024*.

El informe anual de tendencias tecnológicas de Deloitte es una publicación de referencia para entender hacia dónde se dirige el mercado. Analiza el impacto de la nube, los datos y la IA en la estrategia empresarial, siendo muy relevante para la Unidad 3 sobre transformación digital.

MARR, Bernard: Big Data en la práctica: *Cómo 45 empresas exitosas han utilizado análisis de big data para ofrecer resultados extraordinarios.*

Las obras de Bernard Marr son una referencia en el sector. Este título es fundamental para comprender cómo diversas empresas aplican el Big Data y la analítica para resolver problemas del mundo real. Se recomienda como una lectura de profundización clave para entender la aplicación práctica de estas tecnologías.

Legislación

Agencia Española de Protección de Datos (AEPD): Guía del Reglamento General de Protección de Datos para responsables de tratamiento.

Ley Orgánica 3/2018, de 5 de diciembre, de Protección de Datos Personales y garantía de los derechos digitales (LOPDGDD).

Reglamento (UE) 2016/679 (RGPD): Reglamento General de Protección de Datos.

Webgrafía

El Big Data en la transformación digital

https://www.elfuturoesdigital.es/blog/item/13-transformacion-digital-ia-big-data

Gobernanza de datos

https://www.ibm.com/es-es/topics/data-governance

Hellomrlead: Tipos de análisis de datos

https://www.hellomrlead.com/fundamentos-del-analisis-de-datos-en-saas/

INCIBE (Instituto Nacional de Ciberseguridad): Protección de la información

https://www.incibe.es/sites/default/files/contenidos/dosieres/metad_proteccion-de-la-informacion.pdf

IESE.EDU: La transformación digital

https://www.iese.edu/standout/es/transformacion-digital-tecnologia/

Liderazgo en la era de los datos

https://netconomy.net/es/blog/data-driven-la-guia-definitiva/

Metodología CRISP-DM

https://www.iic.uam.es/innovacion/metodologia-crisp-dm-ciencia-de-datos/

Principios del tratamiento de los datos

https://www.aepd.es/derechos-y-deberes/cumple-tus-deberes/principios

¿Qué es Business Intelligence (BI)?

https://www.conectasoftware.com/magazine/guia-business-intelligence/

¿Qué es un lago de datos (Data Lake)?

https://aws.amazon.com/es/what-is/data-lake/

SAS: Minería de datos

http://sas.com/es_es/insights/analytics/data-mining.html